幸福园中的『和乐』校本课程

XINGFUYUAN ZHONG DE
HELE XIAOBEN KECHENG

主编◎王叶婷

上海教育出版社
SHANGHAI EDUCATIONAL
PUBLISHING HOUSE

主　编：王叶婷

副主编：蔡　勤　张晓云

编　委：(按姓氏笔画排名)

王叶婷　杨健萍　何　妹　沈国伟　张　引　张　燕

张兴明　张晓云　陈佩康　赵燕燕　夏　权　蔡　勤

序

课程是学校特色的名片

上海市浦东教育发展研究院原院长　顾志跃

叶澜教授给华坪小学的题词是："和而不同，乐而不松；和谐融通、快乐成功"。自从"和乐"成为华坪小学的办学文化标志后，学校就一直在为如何落实"和乐"两字作孜孜不倦的探索。把叶教授的题词做成屏风，镶嵌在校园的绿化中，这不是难事。把"和乐"两字通过校会、班会、少先队活动持续不断地传到小学生耳朵里，让每位学生都知晓也不是难事。让每位教师经常把"和乐"挂在嘴边，写在文章里似乎也不难。但要是让华坪小学的每位学生都能从心底里说出：在华坪小学读书真开心，学校里不但有朗朗的读书声、上下课的铃声，更是充满了我们发自内心的笑声；"和乐"经常出现在我们的睡梦中，伴随着我们成长的每一天；我们一早醒来就想去学校，特别是星期一的早晨；我们总会感觉寒假暑假时间太长，渴望早点开学，早点去学校，这就大难特难了。

学校靠什么吸引孩子？美丽的校园？和蔼的老师？还是好吃的午餐？说到底，这些都只能在一时一事上让孩子有好感。而真正长远能把小学生吸引到学校里来的是课程，是丰富多彩的学校生活。假如，学校里每一天都安排了满满的让小学生们感到新奇的课程，充满挑战，又能放松心情，愉快体验，每个孩子都想去试一试、尝一尝，会引发孩子们想象、思考、成功体验和笑声，那小学生对学校的印象就会有一个根本性的改变，他们会喜欢这样的学校生活的。

从办学理念的想法到形成系列化的校本课程是一段漫长而艰难的探索之路，不是每所学校都能够很好地走向成功的。摆在我们面前的这本书——《幸福园中的"和乐"校本课程》就是想告诉大家,华坪小学的老师们是怎样在他们校长的带领下,经过坚持不懈地努力走完这条路的。

学校要开发"和乐"校本课程,首先要让每位教师都知道做这件事的价值。为此,他们从学校的社会声誉与办学追求,"和乐"文化与学校发展,学校文化载体与实施途径,校本课程与学校特色,师生对学校教与学的心理现状,当代小学生的时代特征与他们的困惑,华坪小学的昨天、今天与明天等问题的讨论与研究出发,发动教师在大学习大谈论当中理清思想,进一步明确开发"和乐"校本课程不仅仅是建设新基础教育实验学校的需要,更是迎合时代潮流,实现义务教育转型发展的重要举措,是学校办学中一件具有奠基性质的重要工程,也是促进每位教师更好地实现专业发展的有力抓手。把这件事情做好了,方方面面都有好处,所以大家一定要全力以赴。

认识统一,思想问题解决了,接下去学校做的第二件事是确定"和乐"校本课程的理念与设计定位。一个中心、两个关注、三个开放、四个原则、五个自主是开发"和乐"校本课程的指导思想,为每位学生的终身发展服务是"和乐"校本课程的秉承理念。围绕着"和乐"文化,以乐学为主旨的"学而乐"学会学习课程系列,以伙伴合作沟通为主旨的社会性发展课程"我和你"系列很快被提出来了。有了课程的主题与框架不等于就能开发出校本课程,开发校本课程的核心是要有一部分教师先走一步,作更加精细的课程内容设计,编成课程范本供大家参考,同时需要调动全体教师参与此项活动的积极性。校本课程是基于学校教师自行开发与施教的课程。没有全体教师的参与,即使有了课程也不可能有效地实施。于是,发动教师就成了能否完成这项任务的关键。华坪小学有一支非常敬业的教师队伍,在长期的教学实践中他们敢于改革,善于研究,积极用自己对教育的理解创造出一个又一个的教育改革新成果。所以,开发校本课程完全是教师自主报名的。从学校教师自报的众多课程中,经过筛选形成了"学而乐"、"我和你"两大校本课程系列的基本内容。

课程设计出来了,但学生是不是喜欢?教师是不是能教?有没有教学效果?学校又抓了对第一轮课程的试教、评价与修订工作,让学生、教师都参与试点,发表意见。在设计、编撰、试教、评价中,华坪小学教师的业务能力和敬业精神受到了极大的挑战,不是每位教师都有能力参与校本课程编写的,也不是每位教师都有时间和精力愿意参与校本课程编写的。要编写"和乐"课程,学校首先要给教师们创设一个"和乐"的工作环境、创编条件和个人的专业发展空间。

在这方面,华坪小学的王叶婷校长动了很多脑筋。从改善教师职业生活状态开始,让华坪小学的每一位教师有一个良好的工作环境、人际关系和教学氛围,从会教、能教、善教到乐教,走上个人专业发展之路。正因为华坪小学有一个"和乐"的教师教学文化,所以才会有那么多的教师愿意投入到这项艰苦的创造性工作中来。

辛苦的付出是有回报的,在开发"和乐"校本课程的过程中,不仅学生们得到了能让他们喜欢、高兴的"和乐"课程,教师们的能力也得到了提升。从一开始什么都不懂,到慢慢有了感觉,能够从创编"和乐"课程的过程中学会了主题构思、内容采集、活动编排、文本呈现、教学设计、实施控制、学程管理、成效评价等许多教育教学的基本功,着实提升了大家的能力。这再一次证明了教师的专业发展离不开实践活动的磨炼,没有亲自参与的教学实践活动磨炼,教师要想从听讲座、看书中得到一点真本领是很难的。

华坪小学的这本书给我们展示了一所小学开发校本课程的全过程。它的意义不仅在于让我们认识到了"和乐"两个字怎样从学校文化的核心理念到学校教学实践的演绎过程,更是让我们看到了学校要做成一件大事,校长必须从哪些地方抓起,用一个怎样的过程才能把学校的教师都调动起来,群策群力把这件事情做好、做成功。

今天的华坪小学,"和乐"已经不再是那镶嵌在校园石碑屏风上的两个字了,而是真正通过"学而乐"、"我和你"两大系列课程,进入到了学校的每个班级、每一堂课,直至每一位学生的心田里、睡梦中。当华坪小学的每一位学生都渴望到学校去体验"和乐",周边的每一位家长都希望把自己的孩子送进华坪小学享受"和乐"的时候,"和乐"课程成了学校在所有学生、家长、和周边社区人心中的一张名片。

2013 年 4 月 16 日

序

目 录

>>
Contents

目录

前　　言

让孩子每天都有期盼

上海市闵行区华坪小学校长　王叶婷

华坪小学虽然是一所普通的学校,但它早已拥有了良好的口碑,是家长们心目中"身边的好学校"。每年新生报名时,申请孩子入学的家长队伍宛如长龙,大家都希望自己的孩子能就读于我们的学校。

望着长长的家长队伍,我们虽然心里比较遗憾,遗憾不是每个孩子都能就读我们学校,但是更多的还是兴奋与自豪!兴奋于我们的辛勤耕耘有了丰硕的成果,自豪于我们的办学得到了社会的认可,自豪于华坪小学在家长中早已拥有了良好的口碑。

兴奋过后是冷静的思考,华坪小学为何受到如此多家长的青睐?以前我认为关键在于争取办学条件的改善,思考的重点在于校园建设硬件的现代化和师资队伍的优化,而未能深入到课程与课堂。关注的焦点是统考与评比,认为毕业班成绩名列前茅,学校才能扬名,而没有想方设法满足每一个学生的需求,自然还未做到"学生立场"。现在我明白了,一所真正的好学校应该是:让孩子每天有期盼,让每个孩子每一天都对学校有期盼!每天都有期盼地学习,每天都有自己希望的活动,孩子如何能不向往校园,喜欢金色童年的校园生活!正如黑柳彻子在《窗边的小豆豆》一书中回忆的那样,当别人说巴学园是"破学校"的时候,孩子们却都说:"这是一所好学校!"

让每个孩子每一天都对学校有期盼,说起来容易,做起来难,我们华坪小学能基本达到这个理想境界,这是自1958年建校以来所有师生努力的积淀与展现。

　　这里要特别提及的是前任校长郭西薇。郭校长是上海市特级教师,她不畏艰难,带领师生科研兴校,创造了华小特有的"体验＋选择"的德育模式,学校成为上海市小学界第一所"全国绿色学校"。当年开设的中华传统美德教育讲座、环境保护讲座以及科技"创意小灵通"教程,逐渐成为学生喜爱的拓展课程,为"校本课程"的全面开发奠定了基础。

　　当然,更重要更直接的应该是我们"和乐"文化的创建,学校在"和乐"文化理念指导下得以快速、扎实发展。早在1999年,我们就加入华东师范大学叶澜教授领衔的"新基础教育"研究的行列。在叶教授等专家的指导下,在全体师生的不断探索中,学校继承优秀传统形成了"和乐"文化,并且明确了"和乐"文化的内涵:"和而不同,乐而不松;和谐融通,快乐成功。"

　　"和乐"文化建设的目标是实现师生的"生命自觉",追求师生共同的快乐与成功。为此,2001年至2010年期间,我们不断改革与完善学校的管理制度,让管理更好地为教师的教学与学生的成长服务;我们不断优化学校的评价方式,让评价变成教师们工作与成长的快乐阶梯;我们不断提升科研教研有机结合的常态研修水平,让课题研究引领教师主动走上专业发展之路,体验职业生命的价值和快乐;我们不断开拓教育教学相互促进的学生工作领域,让校园生活成为孩子们合作学习、快乐学习、主动学习,学会学习的幸福之源。十年磨一剑,如今我们初步实现了"创建和谐发展绿色学校,培育健康快乐新型师生"的办学目标。

　　任何事情都在不断发展,教育的追求也永无止境。课堂变革、课程开发、教师成长、学生发展,是学校内涵发展的核心要素。华坪小学要继续发展,要为每个学生的和谐发展奠定基础,必须走向更加明确地提高校长的课程领导力和提升教师的课程执行力的层面。

　　在此,为了让每个孩子每天对学校都有盼头,让每位教师每天对工作更有劲头,让学校"和乐"文化日臻完善,2010年,在学校原有的基础上,我们开始了"和乐"校本课程建设的深入研究,确定的课题《当代城市小学"和乐"课程建设的实践研究》也被批准为市教育规划课题。不言而喻,华坪小学发展进入"课程时代"。人人参与校本课程的开发与实施,将带来一种全新的课程理念、课程结构和真实的课程领导力与执行力。它是我们十余年"校本课程"研究的汇聚和提升,是在先进的理论思想指导下有序开展的实践研究,是学校"和乐文化"渗透教育教学的集中体现,也是华坪小学在新世纪里可持续发展的一座里程碑。

　　两年多的"和乐"校本课程建设的课题实践研究虽然暂告一个段落了,但它产生的影响和作用是深远而持久的,它启迪我们重新思考了课程这一学校教育核心要素对于每一个孩子生命成长的个性价值,以及对于学校内涵发展的长远意义。本书就是我们对学校"和乐"校本课程建设过程的一个梳理、汇报。

　　总的看来,华坪小学的"和乐"校本课程建设具有以下鲜明特点:

　　第一,以"和乐"文化为统领,立足校本,以生为本。在校本课程建设过程中,我们始终秉持"和而不同,乐而不松;和谐融通,快乐成功"的理念,强调校本课程的开发与实施一定要适合学生发展的选择,让学生学得开心,学得扎实。

　　第二,注重课程的系统建设,集点状为块面,变零散为序列,改随意为设计。以前的校本课程建设大多是一个个创意火花的闪现与行动,尽管也不乏精彩,但总体来看,并未改变学生的学习品质和水平。而这次"和乐"校本课程建设的研究中,我们关注了学生发展的目标整体性、行为规范化,也关注到了学生发展的年段特殊性和教育个别化,更重要的是,关注了学生发展的主动性,让他们有了更多的自主选择,有了更为高效而快乐的学习平台。

　　第三,勇敢尝试,边做边调整。这是我们华坪小学教育教学改革的优秀传统,在参加"新基础教育"的课堂教学改革中是如此,在创建学校的"和乐"文化中,我们也是如此;如今,在充分落实"和乐"文化精神的校本课程建设中,我们还是如此。很多时候,我们作为一线的教育工作者,希望在做一件事情前就全部想清楚,那是不可能的。我们有时会凭经验感觉某个教学项目应该怎么做,于是就去大胆尝试。虽然经常感到痛苦,且经常会发现"此路不通",但更多的时候,我们取得了令人惊喜的进步。正是有了"勇敢尝试,边做边调整"的探索精神,华坪小学"和乐"校本课程建设探索很好地保证了以"和乐"文化为统领,保证了课程建设不断地向综合性、系统性发展,最终取得理想的成效。

　　百姓对优质教育的追求,永远不会满足,"和乐"校本课程的建设也永远不会停止。为了孩子们每一天的笑容,为了让每一个生命得到全面而个性的发展,我们将一如既往,潜心研究,努力建设好华坪小学这个健康和乐的"幸福园"。我们的目标仍然是:让孩子们爱上老师,爱上同学,爱上学校;每天都有好的盼头,好的班级环境,好的课堂教学,好的师生关系,最终拥有最美好、最难忘的五年小学时光。我们信心满怀,任重而道远!

2013 年 3 月 30 日于幸福园

和而不同 乐而不狂
和谐融通 快乐成功

第一章
"和乐"校本课程建设的
研究背景

一直以来，华坪小学坚持探索校本课程建设研究，积淀并形成了鲜明的"环保、健康、生命、人文"的校本课程特色。在"创建和谐发展、百姓满意的绿色学校，培养健康主动、快乐成长的现代新人"的办学目标指引下，学校将课程体系建设列入学校发展规划，在实践中逐渐开发出70门校本课程，以及众多体现专题化、系列化、多样化和互动化特点的拓展型校本教材，为学生提供了"丰富选择，提升优势，个性发展"的优质学习资源，为教师专业发展搭建了平台，推动了学校整体发展。

这是符合国家和上海教育发展精神的。《教育部关于印发〈基础教育课程改革纲要（试行）〉的通知》（教基【2001】17号）指出，"学校在执行国家课程和地方课程的同时，应视当地社会、经济发展的具体情况，结合本校的传统和优势、学生的兴趣和需要，开放或选用适合本校的课程"。上海市教委也据此提出了新一轮课程改革的目标："让课程适应每个学生的发展。"同时，又提出了"拓展学习时空"、"增加学习渠道"、"改变学习方式"、"强调学生体验"等一系列相应的课改理念。

和乐文化

2010年，华坪小学"当代城市小学'和乐'校本课程建设的实践研究"被批准为上海市教育科研课题。学校在"和乐"校本课程建设中的努力，可谓顺风扬帆，它顺应了时代发展的需要，是学校"和乐"文化发展的必然选择，顺应了当地城市小学学生、教师和学校本身发展的需要，符合时代前进的步伐。

第一章 『和乐』校本课程建设的研究背景

第一节 "和乐"校本课程是学校文化的发展提升

随着上海教育改革的深入,当代城市小学在新一轮发展中关注更多的需求和问题,学校的发展越来越着眼于"内生力"的培育和提升,尤其是学校文化建设,包括校本课程建设,已成为学校内涵发展的重要内容。因此,华坪小学创造了在"和乐"文化引领下、基于师生日常生活的"和乐"校本课程。

一、创造追求师生快乐成功的"和乐"文化

一所优质的学校,离不开完整而有系统的学校文化的支撑,它不是由教育硬件,或者由教学质量唯一决定的。学校文化是高质量品牌学校的有力支点,决定着学校的全部价值——使用价值与文化价值。如果一所学校硬件好,只能算是教育设施优良;而教学质量好,也只能算是具有不稳定使用价值,仅仅具有使用价值的学校,就会出现所谓的"大年"、"小年"的现象,不为人们所信赖。只有将稳定的使用价值与深厚的文化价值容纳一体的学校,才有可能建设成为一所优质的学校。

老校门

　　1958 年建校之初,华坪小学由里弄居民和一些家庭妇女筹款兴办,是一所仅有四位教师四个班的民办小学。1985 年,学校整体搬迁至工人新村住宅小区配套建设的校园,即现在北校园所在地,并正式转为公办。2000 年迈入新世纪,华坪小学也正式进行"新基础教育"研究,从此走上"研究性变革实践"之路。校园规模扩大之后,到 2013 年的今天,学校发展更是经历了一个加速度的阶段。

　　2005 年 1 月,学校教代会一致通过"创建现代学校中长期规划",把"和而不同,乐而不松;和谐融通,快乐成功"作为学校的共同愿景。这十六字是"新基础教育"创始人、华东师范大学叶澜教授感怀学校发展时的欣然题词,揭示了华坪小学"和乐"文化的真谛,勾画出华坪小学的和谐发展蓝图,指明了学校办学方向,激励着全体师生追求理想的"和乐"境界。

　　和而不同——"和"不是一团和气,而是一种目标一致的"和";"不同"是鼓励每个个体主动寻求发展,尊重每个人、每个团队的发展差异,追求真实的发展。

南校园形象墙

　　乐而不松——"乐"不是简单的愉悦,而是心情舒畅,处处呈现主人心态,合作沟通融洽;"不松"主要是指在宽容自主的环境中工作并不松懈,"万事要做才能成,精神奋发不能变"。

八字一句,每四个字都是限定式关系。"和而不同"和"乐而不松"中的"不同"与"不松"是限制"和"与"乐"的,这表明我们的"和"与"乐"不是无原则的,而是有属于我们自己的注脚的。

和谐融通——主要指师生、生生、各学科、各部门不是彼此孤立的,而是互相帮助、彼此欣赏、互为促进、相互交融的。

快乐成功——是指学生和谐发展、快乐成长,教师在实践变革中体验职业尊严、专业创造的快乐,个体、各类群体、学校都能够在努力追求、接近新的成功过程中体验和享受幸福。

"和而不同,乐而不松;和谐融通,快乐成功"十六个字,每四个字之间的关系是递进式的。如"融通"与"成功"是"和谐"与"快乐"的更进一步的表达,这表明我们的"和"与"乐"不是割裂的、固化的,而是取决于我们自身的发展。

(选自 2012 年 11 月闵行区教育局"智慧传递"活动华坪小学现场交流报告)

二、"和乐"文化引领学校实现可持续发展

"和乐"文化不仅已成为华坪小学师生的共同愿景,而且也成为学校可持续发展的根本性策略。

"和而不同"的"目标引领"。"新基础教育"强调要"唤起每一个生命体的自尊、自信和自觉",学校一切工作都是"在成事中成人,以成人促成事"。因此,每学年开始,我们帮助每个教师分析自己的优势、劣势和潜势,度身定制,或完善"个人发展计划",有的放矢,确定发展目标与途径。除了各部门负责进行指导与督促以外,我们还根据教师的基础与需求,成立了"读书研究会"、"学生成长策划组"、"语文课型研讨社"、"青年教师联谊会"等非行政性组织,分层次开展各种活动,提高教师专业素养。

为了真正发挥每一个教师的积极性,我们大胆改变了原先层层遴选式的教师考核奖励制度,创建了"三级六阶"的"阳光教师"命名制度:阳光教师与星光教师(有特色的骨干)、剑兰教师与绿叶教师(脱颖而出、善于合作的教师)、新荷教师与蓓蕾教师(主动学习、追求进步的新进教师)。操作时坚持"四突出"

原则,即评价标准突出"事业、学生、改革、团结"等重点;评价程序突出公开、公平与公正的特点;评价方法突出鼓励合作、自觉发展的导向作用;评价结果突出"让每个人都拥有自信、追求卓越"的期待效应,最终要树立的是"阳光教师"的"五气"形象,即正气(人格高尚)、大气(开放合作)、底气(自觉学习)、灵气(实践创新)、生气(和谐发展);成就的是一批齐心协力、各具特色的品牌教师团队。

"乐而不松"的"民主管理"。教师是学校的主人,在学校的"决策——实施——评价——调整"过程中,每人都拥有发言权、评价权、质疑权和否决权,而非仅仅在"教代会"上举手表决。这种从决策的民主进入到实施过程中的民主,不仅能使学校管理更加完善,而且能提升教师们工作的价值感、快乐感和责任感。

教师参照《"华坪小学教师专业化自主发展"方向性指标与要求》,进行自我分析,并与学校领导一对一沟通,明确目标,制定研修计划;然后通过课例研讨、课题研究、课堂研磨、常态学习等,逐步达标;最后由学校组织考核、展评,确有特色者可获"教师优秀工作法"命名,建立自己的"工作室"。目前,学校已有"陆敏工作室"与"沈梅工作室",推广他们的"小组学习法"、"班级建设法",其他教师的"组室管理法"、"习题精选法"、"经典趣读法"、"主题探究法"等,也日臻成熟。

华坪小学还重视教研组文化建设制。学校重视教研组教学、管理与研究的功能定位,坚持教科研有机融合,有效运行多元合作的课例研讨、骨干领衔的课

课堂研究

题研究、话题前沿的非行政专业社群研修等机制,使教研组文化呈现出鲜明的变化。

第一,变"评判"为"扶助"。学校将每年的教学评优改为有层次的教学研修。每个学年,上学期进行自主听课和自设研讨课,执教者做到时间、内容、听课对象"三自定",听课者做到"找三点",即亮点、缺点、金点子。下学期,则组织让"新教师入格,成熟教师上格,骨干教师展风格"的"三格杯"教学竞赛,让不同学科、资历、水平的教师都有机会展示,鼓励教师跨学科伙伴合作,反思重建,形成浓厚的研究氛围。

第二,变"检查"为"交流"。学校请教师们定期互相交流备课设计,寻找同事教案中的特点、优点及改革亮点,评选最佳设计;主管部门对备课的抽查"重心后移",关注随笔、反思,从教师自己记录的"经验提炼与问题分析、理性反思及改进措施"中看教师对学生反应的敏感性、对教学过程的自我修正、自我控制能力。

第三,变"执行"为"研讨"。学校各教研组,改变了以往"统一进度、统一模式"和"组长说了算"的传统,鼓励大家八仙过海,各显神通。各教研组抓住日常的课例,分别创造了机动灵活、智慧高效的教研模式。如语文组重组教学内容,按照课型进行"定类研讨";数学组则"定人研讨",集中力量培养青年教师;英语组实行"定伴研讨",分成小组,师徒带教;术科组范围广、差异大,故"定向研讨",对共性问题进行深层次思考与探究。

第四,变"考核"为"汇报"。我们创造了"大家教大家"的小团体学习模式,

大家教大家

改变"试卷答题",教师自由组合小组,认领"研究主题",结合实际自主学习,辅导员负责解惑点拨,在规定时间内,以专题讲座、主题活动、特色展示、真情告白本、网页交流等形式向全校汇报。

"和谐融通"的"有情管理"。学校运用"内刚外柔、化管为育"的策略,形成了一种"理情互启、水火相济"的管理文化,让学校成为师生主动发展的"和乐"家园。

干群、同事之间,我们提倡"五互五不":互相信任不猜疑,互相交流不隔膜,互相支持不拆台,互相谅解不指责,互相关心不冷漠。倡导"做三种人":使领导宽心的人,不上交难题;使下级舒心的人,不下推责任;使同事放心的人,不搞小动作。

学校的领导干部:每天清晨站在校门口,微笑着向师生致意问候;我们的教师,对自己的学校怀着一种特殊的情感,上班就像是从一个小家庭走进了另一个大家庭,心情愉悦;我们的教工大会,经常会响起掌声,为同事的成功而喝彩,为他人的智慧而激动;无论学校搞什么活动,校园QQ上都会出现许多鼓励的言语,还送上一朵朵漂亮的鲜花,预祝活动成功;每年的评选先进,干群之间、各组室之间都是互相谦让……不少教师的家离校很远,或有过调离学校的机会,可他们都坚定地留了下来,因为他们迷恋这片沃土,万分珍爱这份难得的温馨。

教师与学生之间,我们营造"相互尊重、教学相长、求真求美、师生同乐"的氛围,把目光聚焦在"学生成长系列"上,关注课堂上师生之间自然和谐的互动,关注不同层次学生的发展阶梯……

学校与家庭、社区之间,我们探索资源的拓展、整合、开放与共享,构建了"和乐学习共同体"的校社联动机制,实施"兼职校长轮值制",优化学生的成长环境。每年的毕业典礼,毕业班学生和教师、家长同台展示生命的成长轨迹,内容丰富、形式优美、组织周密,氛围热烈,给人以美的享受和心灵的震撼,已经成为在百姓中享有盛誉的"成功品牌"。

"快乐成功"的"生命成长"。"新基础教育",向我们展示了一片充满生命活力的幸福乐园,我们的共同愿景——十六字"和乐"文化,走向"水到渠成"。

我们的教师队伍已经发生了"静悄悄的革命",基本结构和整体精神面貌正在发生可喜的变化,拥有了三十多名"新基础教育"优秀教师、"区希望之星"、"区闵教杯中青年教师优秀奖"、"区金银铜奖班主任"、"区班主任名师"、"区骨干教师和后备人选"、"市优青工程后备人选"、"市名校长名师后备人选"组成的骨干教师队伍。

我们的教科研开始回归教育本原,研究的重心从关注结果转变为讲究过程,研究的目的从追求成果获奖转变为培养与发展教师,创造了灵活有效的校本研修方式,全面提高了教育教学质量,学校跻身于区内一流学校行列。学校周边的建于20世纪80年代的工人新村住房竟成了家长们的"宝贝学区房",每年招生报名时家长们都排着长长的队列。区教育局给我们这个偏远的学校一个新校区,扩大办学规模;街道社区竞相与我们建成"共建单位",携手并肩,共同成长……

三、"和乐"文化发展进入"'和乐'校本课程时代"

学校新型文化的创生既是已有文化的继承与更新,又是回应了学校在每一个时间节点上的历史使命、办学愿景和价值追求。下面是《华坪小学文化演变一览表》,我们想表达的是:学校文化不仅是推进学校发展的力量和方式,其本身也就意味着发展。

华坪小学文化演变一览表

年份	文化精神	办学口号	师生状态	获得成效
1958年—1984年	创业文化奋斗精神	两条腿走路为工农服务	这是创业初期,力求"从无到有"。为了站稳脚跟,拼命奋斗,大家起早摸黑地干,有着较强的求胜心理,往往听说什么好就做什么,追求"点状突破",关注"显性效应"。	缓解百姓子女求学难的矛盾,初步达成当地政府所定的义务教育普及率。
1985年—2000年	业绩文化图强精神	以普通条件创一流教育	这时进入"从有到强"阶段,为了多创业绩,往往以"别人的学校"为参照,样样和他人比,努力跑在前面,以显出自己的"强"。	创造德育特色,"中华传统美德教育"、"绿色教育"享誉社会。

（续表）

年份	文化精神	办学口号	师生状态	获得成效
2001 年 — 2012 年	和乐文化育人精神	创办和谐发展百姓满意的绿色学校，培养健康主动快乐成长的现代新人	迈入"从强到全"的新阶段，学校办学的参照系由外逐渐转为内，追求办学质量全面提升，实现学校转型，更多考虑学校内涵的提升、师生发展主动健康、全面发展。	成为市文明单位，办学水平 A 级一等，成为"生命·实践"合作研究校；教学质量上升，家长、社会认可度高。

（选自 2012 年 11 月闵行区教育局"智慧传递"活动华坪小学现场交流报告）

学校的文化建设只有在生动的实践中，才能呈现出丰富多彩的勃勃生机。我们的"和乐"文化并不是高空中漂浮的彩云，而是根植于学校沃土的实实在在的生命成长，它本身也蕴含着普遍的规律和内在的逻辑。华坪小学"和乐"文化的继承与更新的过程，经历了这样几个阶段。

王浩局长在智慧传递中发言

定向阶段。明确学校发展目标，并在此过程中寻找到学校文化发展的新方向。这是学校文化建设的理想与归宿。我们的"和乐"文化就是在"创办和谐发展、百姓满意的绿色学校，培养健康主动、快乐成长的现代新人"的办学目标中逐渐清晰起来的。办什么样的学校，培养什么样的新人，决定了学校文化发展的走向。

清思阶段。从梳理学校文化现状入手，首先要思考：我们的强项在哪里？

第一章 『和乐』校本课程建设的研究背景

哪些还没有凸显出来？弱项是什么？弱的原因到底是什么？还要思考：这些强项与弱项对学校发展会产生什么影响？两者之间有什么联系？是"以强带弱"还是"扬长避短"？以上的问题想清楚了，我们才能集中力量找到突破口或抓手，把与学校发展休戚与共的相对弱项做强，原来的强项做得更强，学校发展的全局性规划真正落实到各方面的融通与提升之中。

新质生成阶段。"定向，清思"解决的是学校独特文化"是什么"的问题，接下来要解决的是"如何建设"的问题，那就要在具体的实践中不断关注学校新质的生成。这就进入到了学校文化建设的第三个阶段：新质生成阶段，这同样是学校文化建设过程中不可或缺的一个阶段。

当华坪小学已经呈现较为和谐的氛围时，我们觉得，在此基础上，如果继续一味追求"大一统"的"和"，就可能走向负面，成为另一种教条，忽视对师生个体生命的关注。那么该如何尊重并实现师生发展中的"不同"呢？为了形成更为丰富的"不同"，就要考虑师生在年龄、个性、兴趣、风格上的诸多差异，还要通过一系列制度建设、活动设计、人际交往的约定等，帮助师生尽可能地实现这种"不同"的发展。于是，我们尝试着把自主发展的权利还给教师，通过制订个人校本研修计划，引导每位教师认真分析自己的优势、弱势和"潜势"，并确立自身专业发展目标，设计分阶段行动措施，还提出期待的评价方式和支持力量，对自我的发展有一个积极的规划。这一"归还"，使得教师对自身的发展需求更为迫切，对自己的发展方向与阶梯更为清晰。

王叶婷校长在智慧传递中发言

与此同时,学校还为教师"和而不同"的发展提供了许多外部支持。尤其是管理重心进一步下移之后,各层面责任人与教师一对一、面对面地进行沟通,根据教师自己的目标,提供相应发展空间和平台。基于教师多元、多层、多向发展,各教研组也因此创造出了许多校本研修方式:语文组的"定类研讨"、数学组的"定人研讨"、英语组的"定伴研讨"、术科组的"定向研讨"等。这些丰富、灵活、新型的研修方式,引领着不同层面的教师更加积极主动地追求自我发展,也因着这种"不同的绽放",学校一个个教研组,成了教师们智慧共生、文化共享、生命共长的精神家园。

渐渐地,学校又通过教师专业社群和情趣组织的建设,引导更多正向的对话和积极的融通,进一步使教职员工在校园中进行角色体验。志趣相投的教师们,在共同的目标、方向引领下,自发形成跨学科或跨年级的非行政建制的小团体。他们互相推荐好书,一起欣赏高雅艺术,集聚智慧,分享经验,从对问题各抒己见,到一起读书探讨、一起反思重建,研讨的话题越来越趋向"前沿"。教师们踩着时代的脉搏,在学校生活中结伴而行,感悟生活的美好、职业的幸福,学校生活变得"不同"与精彩起来。

同样,针对学生,我们也尝试着提供给他们"不同"的发展空间。我们经常在思考:该如何从学生生命整体和全程的意义上,来组织符合各个年段孩子需求的校园生活?我们以"基于学生生命成长的年级主题教育系列研究"的课题为引领,尊重学生成长过程中的各年段的身心差异,通过分阶段调查,设计系列和谐快乐的"成长阶梯",培育生命成长的全程综合意识。

超越阶段。华坪小学的"和乐"文化是基于传统文化与新经验的提升。这个"传统"不只是学校已有的传统文化,还与民族传统文化相连。我们的"和乐"文化,也不是"空中楼阁"、"世外桃源",而是当前学校所处的社会、社区背景文化的一部分,"和而不同"、"乐而不松"的思想是"和谐社会"理想的重要组成部分,"快乐成功"的策略,更是当前社会各类组织团队行之有效的发展策略……

为此,我们关注到学校与外部生态环境的相互关联。一方面,努力让社区、家长成为"和乐"文化的有效力量,坚持"兼职校长轮值制",聘请社区和家长代表,每月来校轮值,体验学校生活,参与学校管理;一方面,通过学校、高校、企业、居委会携手共建的"和乐共同体议事会",组织师生走向社会,参与社区文明建设,举办绿色科技节、亲子阅读节等,影响周边的教育生态圈,体现出当代学校"结构开放,文化引领"的特征;另一方面,我们还承担起引领周边学校"生态式"推进"新基础教育"研究的责任,在"做强自我"的基础上,充分发挥"和乐"文化的辐射力量和骨干教师的引领作用,主动创造生态区内"圈圈联动"的新型合作研究机制,努力打造一个"大气、灵动、和谐"的生态区共同体。华坪小学在引领与辐射的同时,获得自身的新一轮发展。

"和乐"校本课程时代。华坪小学的"和乐"文化从定向阶段、清思阶段、新质生成阶段到超越阶段,也是学校在"和乐"文化引领下建设可持续发展的幸福校园的历程。在这个奋斗的过程中,全体教师在办学价值取向和教育行为上,发生了重要转换,学会了从教书走向育人,从管理走向领导,从点状思维走向全盘思考,从被动执行走向主动策划,从单纯的热情如火走向积极的刚柔相济……

但追求的脚步不能停歇,"创建和谐发展、百姓满意的绿色学校,培养健康主动、快乐成长的现代新人",华坪小学必须向教育内涵发展的更深处挺进,我们要追求学生的全体发展、全面发展和个性发展,让每个孩子从小学会做人、学会学习、学会生活,同时强调孩子们要快乐学习、幸福成长。为此,学校要成为每个孩子的期盼的地方,那里有他感兴趣的学习、让他充满好奇的活动与探究,那里有他需要合作的伙伴,有他喜欢的老师。

如何实现这一切更为美好的目标与理想?抓手在哪里?契机如何获得?学校的发展三个关键因素是教师、课堂、课程,课程的开发与实施更是核心之所在。华坪小学在有效进行国家课程和地区课程校本化实施取得优秀成绩后,选择更加适合学校校情的"和乐"校本课程的开发与实施。"和乐"校本课程建设是华坪小学"和乐"文化发展的必然结果。

第二节　校本课程建设是新时代教育的大势所趋

一、校本课程开发是世界课程改革的潮流

在课题设计前期，华坪小学科研室蔡勤老师和张晓云老师等大量查阅相关研究文献，并利用中国知网，通过"中国重要报纸全文数据库"、"中国优秀博士学位论文全文数据库"、"中国优秀硕士学位论文全文数据库"、"中国重要会议论文全文数据库"等，对 2002 年以来的相关研究进行检索。检索结果如下：

"校本课程"在标题中显示的有 2565 篇，主题涉及的有 5370 篇，作为关键词的有 3489 篇；其中与小学有关的分别为 36、45 和 134 篇；研究校本课程体系的分别为 411、254 和 77 篇；而研究如何开发校本课程在标题中显示的分别是 1500、2824 和 2004 篇。

"校本课程开发"（School-based Curriculum Development，简称 SBCD）的思想源于 20 世纪六七十年代的西方发达国家，针对国家/州政府课程开发的弊端，要求政府应明确在国家课程计划框架内，把一部分权力下放给学校，强调学校、地方一级的课程运作，主张学校的教师、学生以及学生家长、社区代表等共同参与课程的决策，以学校为基地进行课程开发，实现课程决策的民主化。在短短几十年里，这一思想很快被世界上众多的国家所接受，许多国家纷纷出台了相关政策，把课程的决策权部分下放给学校的课程政策，产生了在"校本课程开发"理念支配下的多种多样的操作模式。可以说，校本课程开发是当今世界课程改革的一种潮流，也是未来基础教育课程改革的一种基本取向。

二、校本课程是未来基础教育课改的基本取向

校本课程是国家宏观课程结构的重要组成部分，是国家课程的重要补充，

第一章　『和乐』校本课程建设的研究背景

只有对国家、地方课程、教材进行"二度开发",才能形成具有特色的基础教育三级课程管理新体系,才能真正赋予学校、教师专业自主权。校本课程研究能解决课程"滞后性"问题,有利于教师主动性的发展和教学水平的提高,有助于深化教学改革,鼓励学校进行特色办学。

国内关于校本课程开发尚无一致的界定。一种观点认为,校本课程开发就是由学校实行的课程开发。但这种观点过于笼统,涉及的范围太宽,未能充分揭示出"校本"的内涵和特点。还有一种观点将校本课程定义为由学校依据自己的教育哲学思想,自主进行的适合学校具体特点和条件的课程开发策略。这种观点较好地揭示出"校本"的学校主体,但也存在没有挖掘出"校本"的深层含义及"人本"(以教师和学生为本)思想的局限。也有学者将校本课程开发概括为"以学校为基地,以满足学生需要和体现学校办学理念与特色为目的,由学校采取民主原则和开放手段,并由教师按一定课程编制程序进行的课程开发"。

三、校本课程成为我国基础教育课改凸显的新型课程形态

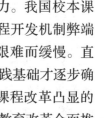

自 1973 年"校本课程"的概念诞生以来,世界各国都在努力。我国校本课程开发的政策性探索,始于 20 世纪 50 年代中后期对于国家课程开发机制弊端的认识,其间经历了"大跃进"、"文革"的波折,整个探索进程艰难而缓慢。直到 20 世纪 80 年代中后期乃至 90 年代,校本课程开发的政策实践基础才逐步确立。20 世纪 90 年代后期,校本课程成为我国新一轮基础教育课程改革凸显的新型课程形态。1999 年 6 月颁布的《中共中央国务院关于深化教育改革全面推进素质教育的决定》指出:试行国家课程、地方课程与学校课程。2001 年 6 月教育部颁布的《基础教育课程改革纲要(试行)》提出的新课程的目标之一是"改变课程管理过于集中的状况,实行国家、地方、学校三级课程管理,增强课程对地方、学校及学生的适应性"。

校本课程的开发中小学与高校合作的状态较多,省市级重点学校和实验学校开设校本课程的比例略高于其他学校。小学与高中阶段相比,开发比例高于高中阶段,这与我国高中阶段面临着严峻的高考压力有一定的关系,初中阶段的开课比例最低,同样与它面临的升学压力过大有关。资料显现较多的是农村学校、民办学校和民族学校的校本课程开发,集中体现于德育,较多涉及体育,从学校师生整体性出发的则不多。

　　从教师参与校本课程建设的态度来看,广大教师是较为积极的,尤其是校长及教学行政人员,他们的态度直接影响到校本课程的开发与实施。半数以上的校长及教学行政人员认为校本课程开发对学生的发展有好处,这在一定程度上反映了中小学校对校本课程开发的认同。同时,有将近60%的教师主动积极参与校本课程的开发,3—10年教龄的教师开设校本课程的比例相对较高。但也有40.5%的教师对校本课程的态度是消极的,如何去调动这一部分教师对校本课程开发的主动性,扭转这部分教师的态度,是有待进一步研究的问题。

第三节 "和乐"校本课程的研究空间

一、"和乐"文化与课程研究空缺

利用中国知网,通过"中国重要报纸全文数据库"、"中国优秀博士学位论文全文数据库"、"中国优秀硕士学位论文全文数据库"、"中国重要会议论文全文数据库"等,我们于 2009 年对 2002 年以来的相关研究进行检索,检索结果如下:"当代城市"在标题中显示的有 327 篇,主题涉及的有 1273 篇,作为关键词的有 165 篇;其中与学校有关的分别为 81、348 和 0 篇;研究当代学校文化的分别为 3、7 和 0 篇。"和乐"在标题中显示的有 180 篇,主题涉及的有 1031 篇,作为关键词的有 37 篇;而研究"和乐"文化或"和乐"课程的则都为 0 篇。

从文献资料来看,迄今为止,学术界教育界对"当代城市学校"的研究寥寥无几,只对"当代城市"与"当代学校"有所研究:前者关注科学发展,提出人的生存问题,也有涉及艺术建筑,但与学校教育关联不大;后者与现代学校制度建设交融,视野开阔,关注角度较多,如"德育从物化到人本化的转向"、"风险教育"、"创新型人才培养"、"同辈群体文化与当代学校道德教育"、"榜样教育"等,但是呈现点状研究状态,缺少较为系统深入的研究。部分研究者对"当代学校文化"有深入思考,提出学校新文化生成的多重视角,如"软""硬"转化、"时""空"交叠、"显""隐"相生等,各大高校对文化思考较为深刻系统,中小学校近年来则在区域文化研究的带动下,对学校文化的创建与内涵挖掘也有一定的研究,然而普遍缺乏独特性、深刻性。

二、"和乐教育"课程与"和乐"校本课程的区别

"和乐"理念的研究无专门的学术资料可查,在中国知网上,对"和乐"文化

的研究主题大多是诗词音乐、礼乐政治,如武汉江汉大学对孔子"诗教"、"礼教"和"乐教"的研究,还有部分研究与佛教有关,跟学校的"和乐"文化又相去甚远。

在国内,两所学校进行的"和乐教育"研究可稍作介绍。从文献中,我们可以看到,山东省曲阜实验小学的"和乐教育"非常注重理论的征引和指导,对孔子的"乐"、"和"思想及其在教育中的运用做了自己的阐述,认为"和"是孔子儒学思想的核心,是指对一些思想、行为采取融合、和谐、有机结合的观点。"乐"则是达到"和"的境界而运用的具体手段、方法及由此产生的强烈的情感体验。他们认为"和乐教育"的高层次的追求与现代教育所认为的"审美化"的最高境界,在实质上是相通的。在具体实践方面,他们主要从课程的改革、教育组织方式的变革和教育手段的完善三个方面进行。

济南市历城区实验小学认为"和乐教育"模式的本质是:"和乐教育"以营造教育的"和乐"为出发点,通过"和乐"的教育,达到促使受教育者全面"和乐"发展的目的。在具体实践上,他们主要从"和乐教育"管理模式、"和乐教育"德育模式和"和乐教育"教学模式三方面着手。可以看到,两所学校的"和乐教育"在理念方面是共通的,实践上则一脉相承。

两所学校的"和乐教育"的理论资源主要来自于孔子的思想。孔子的"和"主要体现在个体为人处世的基本动机的调和与群体存在的和谐的统一两个方面。个体为人处世的基本动机的"和"主要着眼于个体自觉调节基础上达到动机的自然性和社会性的均衡和稳定,群体存在的和谐则是要各守其位、各尽其职,具体来说就是君君、臣臣、妻妻、子子,各守本分。孔子关于"和"的思想要适应现代社会就必须做一定的调适,具体路径可以结合当下西方对差异性的张扬和文化多样性的尊重的观念。

孔子所说的"乐"主要指性情上由衷的快乐,这种快乐主要来源于个体为人处世的基本动机和群体存在两方面的均衡。因此,"和"是"乐"的前提和条件,"和"了才能带来至大的"乐"。孔子说:"知之者不如好之者,好之者不如乐之者","发愤忘食,乐以忘忧,不知老之将至","人不堪其忧,回也不改其乐",正表达了这种乐的境界。从这个意义上讲,"和"和"乐"是一致的。

由此,两所学校在"和乐教育"理念指导下的相关校本课程,如传统伦理道德的"礼仪"课,传播曲阜文化的"导游"课,结合孔子"学思行"教学思想的"学法指导"课等,都不同于华坪小学的"和乐"校本课程。从现有的资料可知,对"和乐"理念下当代城市小学校本课程建设,国内外尚无人进行系统研究。

第一章 『和乐』校本课程建设的研究背景

第四节 "和乐"校本课程的研究特性

一、城市小学的发展特性

"当代城市学校"是指在城市化发展进程中体量最大的一类学校,它们地处城市的非中心地域,硬件设施达标,管理比较规范,学生来源多元,而办学目标和质量必须适应当今社会全球化、科技化、信息化和人本化发展的学校。华坪小学就是当代典型的城市小学:地处上海西南老工业区,硬件设施比较完备,主要吸纳当地企业职工、市区动迁居民和外来务工者的子女入学。

多年来,华坪小学坚持"以德为纲、科研兴校",确立了"创办和谐发展的绿色学校,培养主动健康的现代新人"的办学目标,构建了"和乐"课堂教学、班队建设和校社联动新模式,形成了"和而不同,乐而不松;和谐融通,快乐成功"的学校"和乐"文化,在中华传统美德教育和绿色教育领域取得了比较显著的成效,教育教学质量稳步提升,社会声誉良好。

二、华坪小学的独特之处

华坪小学具备当代城市小学的基本特征,它所处地域的特殊性增加了学校的课程研究的难度:

一是学生差异很大。伴随地区建设蓬勃发展,外来务工人员、市区动迁户大量涌入,生源情况发生了很大变化,学生的家庭经济文化、风俗习惯等方面均存在巨大差异。就家庭的文化背景而言,有书香门第,也有无一本课外书的家庭;就孩子的学习基点而言,单从识字角度考量,新生有识字逾千的,也有零起点的;从孩子的成长地域而言,天南地北,空间跨度和文化风俗差异都十分大;从家庭成员的生活习惯、家长的生活阅历、孩子的成长经历而言,更是纷繁而复杂。这些孩子由于父母经济文化、社会地位的不同,他们在学习基础、学习态度和学习环境上有很大的差异,这对学校的教育提出了更高的要求。

二是教师选择余地较小。学校处于闵行区的最南处,随着经济发展重心的北移,在教师选择余地上与中心区域的学校有着一定的差异,存在一定的弱势。如近两年来,学校新进教师中少有经验丰富的骨干教师,多是刚跨入教育行列的新教师。这就对学校的教师校本研修提出了新的挑战。日常的校本研修和教育实践让学校教师逐渐认识到:学校教育的核心是课程,教育的理念与学生培养目标只有通过课程才能最大限度地落实。但是,一所学校的课程绝非越多越好,只有从正确的学生培养目标出发,切合学生健康成长的实际需要,体现学校特色,落实学校文化,能最大限度满足学生发展需求的学校课程才是学生真正需要的课程。

三、当代学生的性格特征

当代城市小学中的学生多为独生子女。华坪小学的独生子女数约占学生总人数的77.2%。相对于非独生子女来说,独生子女有不少优势:智力较好,思维活跃,观察力强,记忆力好,精力旺盛,活泼开朗,兴趣广泛。

第一,独生子女享有充分的爱。他们享有充分的爱,有来自父母和祖辈的无微不至的爱,让孩子的个性发展相对阳光。因此,多数独生子女容易形成活泼开朗、敢想敢说的外向型性格。

第二,独生子女物质条件较好。独生子女家庭经济条件相对优越,能保证孩子成长中所需的营养和智力开发。

第三,独生子女教育条件相对优越。独生子女的父母能有较多的时间和精力对孩子进行家庭教育和亲子沟通,故独生子女亲子关系普遍较好,孩子视野开阔、兴趣广泛。

但是,独生子女较非独生子女也有明显的缺点:

第一,任性而骄横。由于是家里的宝贝,大人处处围着孩子转,甚至对孩子提出的无理要求也采取迁就纵容的态度,逐渐养成其"以我为中心"的习惯,任性、专横。又由于是独生,孩子认为一切东西都是自己的,态度骄横,爱独占物品和他人的关爱,不愿与人分享。

第二,独立生活能力差。家长普遍舍不得孩子吃苦,事事包办代替,让孩子衣来伸手、饭来张口,结果容易造成其不爱劳动、懒惰无能、意志薄弱、缺乏独立性。

第三,不合群,纪律差。独生子女的家长普遍怕孩子在外发生意外或受到委屈,往往更多地将其封闭在家中加以限制和保护。由于家庭环境的寂寞、活动单调,容易形成孩子的孤僻胆小、不合群、社会适应能力差等特点。他们普遍不适应集体生活,更不会尊重别人的意见。

第四,耐挫力弱,幸福指数低。独生子女在生活中遇到一点小困难,便受不了,不是逃避就是依赖大人,承受不起一点磨难。做错事受到批评,往往非但不接受反而找理由为自己辩护。又因为向来享受惯了生活上的优待和家人的关爱,他们觉得他人对自己好是理所当然的,缺乏感恩之心,有时"身在福中不知福",体会不到通过自己努力而获得成功的快乐,也很少有帮助他人所带来的幸福体验。

当代城市学生的最大特点是视野开阔、知识面广,了解和收集信息的渠道多,能力强,但是相比较农村孩子,他们缺少持续深入的生活体验,缺乏有过程、长周期的实践体验。当代城市学生的体验是短促的、浮光掠影的,这也使得他们的生活感受更多地源于外界,比如来自于媒体的宣传、师长的说教、书籍的表述等。诸多被动感受都如隔靴搔痒,不能触及心灵,也很容易遗忘,从而导致当代城市学生的诸多生活感受是粗糙的、浅表的,也造成了其他的心理和性格问题。

学生的性格特点、心理差异和兴趣爱好呈现出如此典型的状态,显然,统一的国家课程和单一的地方课程,难以满足学生的成长之需。如何高质量、高水平地履行学校义务教育职责,进一步构建科学、合理的校本课程,满足所有学生和谐发展、快乐成长的需求,帮助他们通过五年的学习体验,形成当代城市学生应具有的健康、主动、开放、尊重的理念、心态和能力,为终身学习与发展奠定基础,成为当代城市小学新一轮发展的重要任务。

因此,2010年,华坪小学正式开始了市教育规划课题——"当代城市小学'和乐'校本课程建设的实践研究"的研究,旨在建设与上海二期课改课程紧密结合、呈现当代城市小学"和乐"文化内在特质的校本课程,旨在帮助学生处理好"人与人的关系"和"学与做的关系",促进学生和谐发展、快乐成长,提高教师科学人文素养,推进学校可持续发展;探索当代城市小学进行课程建设的途径与方法,积累学校课程建设的规律性认识,为推进当代城市小学可持续发展提供可借鉴的经验。

第二章
"和乐"校本课程建设的
研究基础

第一节 教育理念基础：五大指导思想

华坪小学"和乐"校本课程建设始终以"和乐"文化为统领，关注师生的共同成长。在校本课程建设过程中，我们始终强调"和而不同，乐而不松；和谐融通，快乐成功"的理念，强调校本课程的开发与实施一定要适合学生发展的选择，让学生学得开心，要学得扎实又快乐。为此，在"和乐"校本课程建设伊始，学校就向全体教师强调：参与校本课程建设需要践行以下五个方面的理念。

一、一个中心：基于学生需求与发展水平的差异

华坪小学基于学生需求与发展水平的差异，站在时代进步与科学发展的高度，以最能体现本校"和乐"文化年级主题系列教育活动和绿色科技特色教育为中心，开发与实施"和乐"校本课程。

在综合考虑学校现有特色、学生实际需求、上海二期课改理念、落实德育需要的基础上，对于学校原有的自主拓展型课程进行了评定、筛选，以传承绿色科技教育特有的传统、发展学校原有的特色活动为依托，整体设置"和乐"校本课程的两大系列——"学而乐"系列和"我和你"系列。课程"学而乐"系列课程通过语文、数学、英语、自然常识、体育、学科拓展等课程的再度开发，以及各类科技艺术兴趣小组活动进行渗透与拓展，解决书本学习和实践体验的关系，强调个人在学习过程中的方法把握和内心体验，相对而言更倾向于"乐"，目标是学会学习，快乐学习。"我和你"系列课程通过品社、晨会、班会、心理健康等课程的再度开发，以及各类仪式庆典活动进行渗透与深化，让学生明晰与他人、与团队的关系，了解人际交往中的基本准则，体验融入集体的幸福，强调处理个人和外部的关系，包括人与人、人与物、人与社会的关系，相对而言更倾向于"和"，目标是学会做人，善于合作。

二、两个关注:关注综合素养和过程体验

1. "和乐"校本课程建设要关注学生的综合技能、个人生存与发展技能等综合素质的全面性培养。针对当今全球面临的四大挑战,实施有效教学:一是自我评价与规划未来,即为人处世的方向与目标;二是新通讯技术的掌握和运用,即认知、理解、沟通的途径;三是个人在社会与国际发展中的作用,即公民的权利与义务;四是科技知识和技能对自然、社会环境的作用,即可持续发展理念和能力。

2. "和乐"校本课程建设要关注学生在各种活动所获得的学习过程体验和创新能力的实践性培养。学校有计划地让学生参与各种实践活动,既能整合主要学习领域的学科知识,有效地突出对学生知识和能力的综合培养,以及整体素质、综合技能的全面发展,又能培养问题解决能力、合作能力和创造能力,更重要的是培养学生积极探究精神和科学研究方法。

三、三个开放:知识系统、课程结构与教学模式的开放

1. 知识系统的开放。教师要主动适应社会需求,根据现代科学及学科发展的新变化,对教学内容加以不断调整,并将课程构筑在现代信息技术平台上;强调学习与学生生活、与社会发展的联系;强调知识不仅来自于课堂,不仅出自于教材,更注意提取互联网上有益的编码知识和来自实践体验的默会知识。

2. 课程结构的开放。"和乐"校本课程要体现出学校课程的科学性与人文性、民族性与国际性、科学原理和学习态度方法,以及我国传统优秀文化与国外有益经验等整体性互补功能。

3. 教学模式的开放。"和乐"校本课程为学生创造相对宽松而有效益的发展条件,有的科目注重全体学生共同教学要求的基础学力,使学生掌握最基本的学习方法;有的科目注重知识能力的拓展,为兴趣、个性特长的发展奠定基础;有的科目注重学生自主学习、探索、研究,培养创新能力与实践能力,为学生个性特长发展提供施展的舞台;有的科目教学以课堂教学型为主;有的科目是课内外、校内外相结合,注重学生体验、考察、实验为主;有的以学生自学、讨论

为主;有的是非课堂教学模式,教学要求、内容、方式、地点、对象、成果形式都由学生自主选择。

四、四个原则:全体性、精当性、主体性、发展性

1. 对象界定:坚持"全体性"原则,使科学知识成为每个学生的"必需品"。全体教师和学生及家长参与"和乐"校本课程的系列调查,了解他们对"和乐"校本课程的认识、需求和建议;全体教师参与"和乐"校本课程的开发和建设,教师"有特色有创造"地制定自己所承担的拓展型校本课程建设纲要,体现"和乐"课程的指导思想,以"资源课程化——活动系列化——课程生活化"追求学生兴趣、视野和能力的拓展;全体学生参与"和乐"课程的学习,根据自己的爱好、需求选择课程,参与活动。

2. 内容选择:坚持"精当性"原则,减少知识的数量和提升思维的高度。国家课程体系和地方课程已经十分丰富,教师的教学任务也比较繁重,所以在"和乐"校本课程的开发过程中,坚持"精当性"原则。切实结合学生的特点,尤其是针对他们的缺点(任性骄横、独立生活能力差、不合群、纪律差、耐挫力弱,幸福指数低等),考虑学生的兴趣爱好而设计开发,构建科学、合理的校本课程,满足所有学生和谐发展、快乐成长的需求,帮助他们通过五年的学习体验形成当代城市学生应具有的健康、主动、开放、尊重的心态和卓越的能力。

3. 教学方式:坚持"主体性"原则,摒弃现成答案,鼓励批判理解和交流。在"和乐"校本课程的教学实施中,教师要努力营造"和乐"的育人环境,让学生在轻松愉悦的状态中学习探究、参与活动、收获体验,课堂不局限于教室,而是自然而然地延伸到校外的教育基地、自然环境。教学时间不限于35分钟,有的研究和活动深受学生喜爱,延长为一天、一周,甚至是一个月、半个学期。

如"种植活动"课程,从种子的认领到过程的观察记录,再到成果的展示交流,历时一个多月。教学过程从封闭转向开放,从沉闷转为活跃,课堂上师生、生生的思维碰撞、情感交融,使学生的学习兴趣和参与意识进一步激发,学生乐于在自主学习中发现问题、探究知识。学生不仅在课堂上投入学习,而且在课后继续拓展学习内容;学生不仅乐于和同伴分享学习收获,还主动与家长交流,要求父母参与到自己的学习或研究中。学校的系列活动课程更是激发了学生的主人翁意识,他们积极参与活动的组织、调整,和教师共同修改活动课程,并

将先进的理念带回去影响自己的家人。

4. 改革评价：坚持"发展性"原则，以学生的身心发展和持久价值为标准。"和乐"校本课程建设评价研究的目的是为了进一步完善"和乐"校本课程资源建设，提升教师开发课程的能力，促进学生的自主发展和学校的内涵发展。传统的评价侧重于筛选、鉴别事物，而我们的评价则是以促进和改进事物的发展为目的。评价的参与者处处以"促进发展"为核心，不断为被评价者诊断各种问题，探索改进措施，选择行动决策，促使评价对象更好地发展。比如对学生的评价主要依据授课教师的记录数据，包括学生出勤情况、学生参与热情、团队合作意识、能力锻炼、学习体会以及测试等。另外，我们关注从学生学习小组的记录评价每个学生，包括团结合作精神、独立处理问题的能力、学习态度和学习效果等方面。

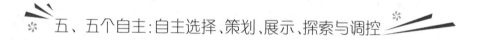

五、五个自主：自主选择、策划、展示、探索与调控

以学生成长为本，让孩子们学会自主选择学习的课程；
从学生发展出发，让孩子们学会自主策划学习的进程；
尊重学生的劳动，让孩子们学会自主展示学习的成果；
引导学生的发展，让孩子们学会自主探索学习的规律；
为学生终身奠基，让孩子们学会自主调控学习的情绪。

在"和乐"校本课程的开发和实施中，华坪小学始终关注学生的自主性，从课程内容和学习方式选择、学习成果的展示到学习情绪的调控，都积极引导学生发挥主观能动性，变被动为主动，从而增加学生的成功感和幸福指数。

总之，华坪小学的"和乐"校本课程建设服务当地城市小学的努力方向：顺应儿童的自然天性，强调天人合一；注重儿童的全面发展，强调和谐均衡；尊重儿童的个体差异，强调个性张扬；关注儿童的精神世界，强调心理健康；体现儿童的情绪管理，强调寓教于乐；倡导自主的探究学习，强调主体意识；突破学校的孤岛围墙，强调开放整合；追求成长的生态平衡，强调持续发展；打造幸福校园，让孩子每天都有期盼，拥有快乐成长的幸福时光。

第二节 课程理念基础：为每位学生的终身发展服务

一、秉承"为每位学生的终身发展服务"理念

华坪小学"和乐"校本课程理念对应学会做人、学会做事、学会学习的教育理念，强调为孩子从小打下快乐学习、和谐自信、全面发展的良好基础。渗透着"和乐"文化理念的校本课程与《上海市中长期教育改革和发展规划纲要(2010—2020年)》提出的"为每位学生的终身发展服务"理念一脉相承。

在"和乐"校本课程的开发与实施过程中，"和"、"乐"是两个重要的概念，是课程建设的核心思想。

"和"的内涵极为丰富，基本立足点就是人与人之间真诚友好、相互团结、学会做人、善于合作。当代小学生绝大多数是独生子女，特别是2000年后的新世纪一代，进入小学前，与同龄人社会交往经历的缺失尤其明显。虽然现在家庭条件都比以前优越，但孩子们在学校之外越来越封闭。很多小学生回家后只能局限于自己的小房间，只能跟父母、爷爷奶奶等有限几个亲属玩耍，没有更多的同伴游戏与娱乐。以前的小学生，在学校、家庭、社区都有一群朝夕相处的伙伴，大家在一起玩"过家家"等弄堂游戏。现在的孩子非常缺乏此类游戏和同龄玩伴，相应就无法在游戏中形成与人交往的能力、合作意识等。由于社会交往经历的空白，他们走进社会，将会缺乏合作能力，将难以适应社会发展的需要，这是当代学生发展不足所在。

因此，当前以独生子女为主的小学生群体中，"和"的问题，是一个重要的教育问题。这就提醒我们必须关注学生的社会化发展，课程的设计要努力将家里的"小皇帝"、"小公主"培养成善于交往、善于合作共事、学会做人的合格公民。

"乐"同样是人生幸福的一大基石。现在的小学生尽管生活条件非常优越，但他们经常感觉不开心、不快乐，没有幸福感，幸福指数不高。究其原因，一是

学业负担过重,孩子在学习上的压力过大,学习的终极评价让他们无法体会学习中的快乐,相反却带来了痛苦的回忆。二是缺少与同龄人伙伴交往的经历往往导致孩子以自我为中心,性格固执,甚至封闭、怪癖等。对这些被称为21世纪"千禧代"的学生,学校有必要针对性地进行"和"与"乐"的教育。

"和乐"校本课程就是着力于"和"与"乐"的教育,为学生营造愉悦的学习氛围和良好的发展空间,在促进知识与技能增长的同时,培养他们较强的实践能力和积极的个性态度。"和乐"校本课程追求学生学会做人、善于合作,在课程的自主选择和个性培养过程中形成更多更广泛的能力;让学生学会学习、快乐学习,更好地认识学习的价值,塑造健全的人格,健康地成长。

二、"学而乐"系列:学会学习,快乐学习

关注"和乐"校本课程"学而乐"系列课程的建设,主要关注三个方面:学生学习过程中的兴趣、意志和自信心。

第一,兴趣。让学生做不感兴趣的事,他们如何体验快乐与幸福呢? 因此,我们注重激发学生对所参与学习课程的兴趣。这种兴趣起初是直接兴趣,如很多学生喜欢饲养小动物,学校绿色科技活动中就设计学生喂养小动物之类的活动,以直接兴趣吸引学生。又如,学生都喜欢比赛,在竞赛中展现自我,我们就可以在数学活动中设计一些速算比赛,激发孩子们的兴趣。兴趣是可激发、可培养的,适宜的活动设计将使直接兴趣自然转化成具有持续性的真正感兴趣,这就是"学而乐"系列课程设计的基本关注点。

第二,意志。学习不是一件轻松的事情,学生经常会遇到困难、挫折。怎样克服困难与挫折? 这时意志很重要。假如没有意志,看到困难就缩回去,没有一点战胜困难的毅力,学生就无法体会战胜困难的充实感、成功感。而一旦形成恶性循环,学生就无法体会学习的快乐了。

第三,自信心。树立自信心——我能行。做任何事情,只要有了成功体验以后,学生就会提高自我胜任的肯定程度,拥有自信。因此,学校里开展的各种各样活动,应让学生都有兴趣,让他想去尝试,验证自己行不行。课程设计的重要目标就是让他们确信:我能行!

拥有了兴趣、意志和自信心,学生在"学而乐"课程学习中就是获得快乐,那是建立在学生有兴趣、能胜任学习基础上的快乐,而不是形式上的简单的快乐。

如果从一个人的幸福感指数去观察的话,这种成功体验对小学生来说,是一种最大的快乐、最大的幸福。而如果把学生的学习快乐认为就是唱唱跳跳、嘻嘻哈哈的"笑一笑",那就过于肤浅。真正的快乐应该体现在学习当中不断地获得成功体验,且对事情表现出浓厚的兴趣;去做有兴趣的事情时不怕苦,而且非常乐意钻研。与此同时,学生能够获得成功体验,就会充分感受到学习带来的喜悦和幸福。这是学习过程的良性循环。

三、"我和你"系列:学会做人,善于合作

"我和你"系列活动都是集体活动,体现"学会做人、善于合作"的课程目标,因为只有在集体活动当中才会产生学生之间相互合作、学会做人的需要。因此在建设"我和你"系列课程的时候,我们关注以下几个方面。

第一,所有"我和你"课程都是一种集体活动。只有在集体活动中才能体现"我和你,手拉手,一起学,互帮助"的旨意。在集体活动教育当中,我们让孩子确立角色意识,懂得在活动中扮演一个角色,同时逐步培养他们的角色意识,角色意识对孩子的成长非常重要。

第二,学会合作的基础是角色认同。除了角色扮演之外,学生还要了解和周边角色的关系。如三个人演一个课本剧《三个和尚》,学生既要明白自己饰演的角色内容,也应知道如何与其他两个人合作,相互之间是什么关系。一个人在集体交往当中,学会合作的基础是角色认同。拥有了角色认同,学生在集体性活动才能体验到:活动不是一个人的活动,而是需要合作才能完成。

第三,相互关系明确后,就要按照行动准则行事。一个游戏设计是否成功,三个方面的因素不可或缺:游戏里每个人的角色认定,相互之间的配合,游戏规则。我们主要是通过活动让学生体验角色、体验关系、体验规则,来培养学生的合作意识、合作能力和合作习惯,养成合作行为,学会做人。

四、"和乐"校本课程不是"和乐教科书"

在昔日校本课程开发与实施的过程中,华坪小学注重学校内部与学校外部资源的开发与利用,以绿色科技教育和传统美德教育等特色课程为突破口,加

第二章 『和乐』校本课程建设的研究基础

强学校自主拓展型课程的整体规划、框架设计。在综合考虑学校现有特色、学生实际需求、上海二期课改理念、落实德育需要的基础上,学校对原有的自主拓展型课程进行了评定、筛选,以"传承绿色科技教育特有的传统"、"发展学校原有的特色活动"、"发挥教师自身的兴趣特长"等为依托,整体设置了"和乐"校本课程的两大系列——"我和你"系列和"学而乐"系列。

"学而乐"系列课程通过对语文、数学、英语、自然常识、体育、"学科拓展"等课程的再度开发,以及各类科技艺术兴趣小组活动进行渗透与拓展,解决书本学习和实践体验的关系,强调个人在学习过程中的方法把握和内心体验,相对而言更倾向于"乐"。

"我和你"系列课程通过品德与社会、晨会、班会、心理健康等课程的再度开发,以及各类仪式庆典活动进行渗透与深化,让学生明晰与他人、与团队的关系,了解人际交往中的基本准则,体验融入集体的幸福,强调处理个人和外部的关系,包括人与人、人与自然、人与社会的关系,相对而言更倾向于"和"。

在"和乐"校本课程的建设中,有些教师按照惯性思维,容易把校本课程等同于语文教材、数学教材的一本本教科书,这有失偏颇。"和乐"校本课程,其实就是一个个活动方案,或者被称为"学生行动学习资源包"。每一个活动方案主要包括:活动的主要要求、目的、形式,活动的组织形式,教师的辅导过程,学生的活动过程等。实际上,每个活动方案更多的是教师如何组织学生活动的方案。在方案的实施过程中,学生手里可能就是一张任务单、一叠学具、一些图示,或者是一些其他东西。

科技活动

如此,最终形成的"和乐"校本课程的文本就是一个个活动方案集。如一年级的方案集中包括 10 个活动,即一年级学生必须经历这 10 个活动。这些活动有的是让他"学会合作"的,有的是让他学会"快乐学习"的。二年级可能增加一些,如12 个活动,三年级可能 15 个,四年级可能 20 个,五年级可能 20 多个。一到五年级所有的活动加在一起,就形成了学生整个小学阶段必须拥有的"和"与"乐"的经历。

另外,一个活动的安排与实施不必局限于 1 节课,也不宜过长,一般的容量是 3 节课。3 节课也不必连在一起,可以开始安排 1 节课左右准备,中间 1 节课开展交流,最后 1 节课进行评价。大多数活动以 2 节课为最佳,上 1 节课布置,下 1 节课验收。低年级的活动课甚至是 1 节课就行了,因人因内容而进行最佳设计。

总之,华坪小学"和乐"校本课程理念与"为每位学生的终身发展服务"理念一脉相承,强调"和谐是我们发展的追求"、"快乐是我们发展的前提",追求由"和"到"乐",由"乐"至"和"的教育过程,让学生学会学习、快乐学习;学会做人,善于合作。"和乐"校本课程理念已浸润到学校每一位教师——"和乐"校本课程的开发者,大家从内心深处高度认同,外显在"和乐"两大系列的校本课程的开发与实施中,实实在在显现在校园环境、课堂教学、学生活动以及全体师生的精神气质、言行举止中,学校因此焕发出蓬勃生机与活力。

第三节 专业基础：丰富的校本课程建设经验

华坪小学办学历史悠久，坚持"以德为纲、科研兴校"，确立了"创办和谐发展的绿色学校，培养主动健康的现代新人"办学目标，构建了"和乐"课堂教学、班队建设和校社联动的新模式，形成了"和而不同，乐而不松；和谐融通，快乐成功"的学校"和乐"文化，在中华传统美德教育和绿色教育领域取得了比较显著的成果，教育教学质量稳步提升，学生个性特长得到充分发挥，社会声誉良好。

学校内，教师敬业爱生、团结合作、充满活力，有区"希望之星"、区"闵教杯"优秀中青年教师、市区"十佳班主任"和"金银铜奖班主任"、区"骨干教师及后备"，形成了有效的科研机制和科研骨干队伍，科研成果屡屡在全国和市级层面获奖。

这些年来，我们坚持探索校本课程建设研究，积淀并形成了鲜明的"环保、健康、生命、人文"的校本课程特色，参与"和乐"校本课程建设的基础厚实。

一、围绕办学目标与特色整体架构课程体系

在"创建和谐发展、百姓满意的绿色学校，培养健康主动、快乐成长的现代新人"的办学目标指引下，我们将课程体系建设列入学校发展规划，由学校"课程教学部"和"学生工作部"负责，在校长直接领导下，在实践中逐渐开发出70门校本课程，以及一些体现专题化、系列化、多样化和互动化特点的拓展型校本教材，为学生提供了"丰富选择，提升优势，个性发展"的优质学习资源。

二、"新基础教育"研究提升教师专业水平

华坪小学注重创设"软环境"，调动教师参与课程建设的热情。我们努力创

设"民主、合作、沟通"的教育教学环境,让教师尽快适应新课程的要求。我们加强师德教育,增强教师的事业责任感和职业自豪感;我们努力创设"和乐"学校文化,为教师的工作、学习创造宽松和谐的氛围,鼓励并支持教师的个性发展,这一切充分调动了教师的积极性和创造性。

与此同时,学校搭建平台,满足教师专业成长的需求。不同阶段的教师有不同的成长需求,通过制定教师个人发展计划,了解教师的发展需求,并有针对性地提供成长平台,帮助教师获得成功。首先是精心培育骨干教师,千方百计通过教学展示、交流培训、专家指导、骨干评选、评优奖励等形式,发挥榜样示范效应;其次是扶植青年教师,通过读书活动、结对带教、任务驱动等形式,促使其快速走向教学成熟;最后是加强校本研修,丰富校本教研形式,营造"大家教大家"的小团体合作学习氛围,通过学术报告、现场研讨及参与和主持市、区、校级课题研究,引导教师合作学习研究,在教学过程中善于发现问题、研究问题、解决问题,努力打造一支年轻、热情、有创新理念的教师队伍,为学校可持续发展打下扎实的基础。

三、有效整合课程资源形成教育合力

十多年来,华东师范大学叶澜教授领导的"新基础教育"专家组一直深入基层、悉心指导学校的整体转型。还有直接参加"和乐共同体"的街道与居委会干部、家长代表,闵行区教研所与进修学院的教师们,都已经成为学校发展的可靠人力资源和知识资源。另外,学校的一些特色项目如绿色科技等,也得到了华东师范大学、上海交通大学、上海电机学院、市老科学家讲师团等教授和大学生志愿者等的积极参与与支持。

专家们走进校园,开设讲座、听课研讨、指导特色课程,为课程建设提供了智力支持,提高了课程建设的专业"含金量",深受家长、学生欢迎。

社会上的科技教育基地也成为学校师生课程建设的大课堂。学校积极组织学生到社会去学习实践,高等学府也成为学校培训师生的最佳基地,这一切有效地提升了师生建设校本课程的能力和素养。

第三章

"和乐"校本课程建设的研究过程

第一节　课程建设的调研与分析

　　《当代城市小学"和乐"校本课程建设的实践研究》课题研究之初，华坪小学课题组通过调查分析，梳理了十多年来在"和乐"理念指引下的办学现状。学校坚持"以德为纲、科研兴校"，确立了"创办和谐发展的绿色学校，培养主动健康的现代新人"办学目标，构建了"和乐"课堂教学、班队建设和校社联动的新模式，形成了富有特色的学校"和乐"文化，在中华传统美德教育和绿色教育领域取得了比较显著的成果，教育教学质量稳步提升，学生个性特长得到充分发挥，社会声誉良好。

　　但是，之前的校本课程开设，存在什么经验和问题？ 现在的"和乐"校本课程要设置怎样的课程和课程目标？ 要采用怎样的课程实施方案？ 这些都不是教师主观意愿就能确定的，而是需要结合学生的兴趣意愿、发展需求，再综合考虑家长的需求、教师的现状和想法来确定。因此，华坪小学开展了一系列的问卷调查，了解学生和家长对"和乐"校本课程开发的需求和建议，了解教师对"和乐"校本课程开发的态度和想法，明晰学校建设"和乐"校本课程的基础。

　　为此，学校科研室设计了《校本课程开发学生家长调查问卷》、《校本课程开发教师调查问卷》，并开展了相关的调查，以调查研究为"和乐"校本课程的建设寻求方向。

校本课程开发学生和家长调查问卷

班级＿＿＿＿＿　学生姓名＿＿＿＿＿　家长姓名＿＿＿＿＿

亲爱的同学和家长：

我国新一轮基础教育课程改革,实行国家课程、地方课程和学校课程三级管理。校本课程的开设,增强了课程对学校和学生的适应性,为促进学生的个性化发展开辟了又一条有效途径。结合学校"和乐"文化,我们现向广大家长和学生征求有关学校校本课程开发内容的意见:

1. 喜爱的课程(请选择6门你最喜欢的课程,在后面打钩)

精彩十分（　　）	中华武术（　　）	生活数学（　　）
赏读票证（　　）	红十字（　　）	才艺展示（　　）
小小 WTO（　　）	根与芽（　　）	水文化（　　）
七巧板（　　）	创新思维（　　）	方正棋（　　）
汽车模型（　　）	科普英语（　　）	古诗鉴赏（　　）
网络漫游（　　）	水文化（　　）	电脑小报（　　）
儿童版画（　　）	竖笛演奏（　　）	篆刻（　　）
足球（　　）	小牛顿学科学（　　）	创意小灵童（　　）

2. 你们还希望学校开设怎样的课程? 请写在下面。

＿＿＿＿＿＿＿＿＿＿＿＿＿＿＿＿＿＿＿＿＿＿＿＿＿＿＿＿＿＿＿＿＿＿＿＿＿＿＿

＿＿＿＿＿＿＿＿＿＿＿＿＿＿＿＿＿＿＿＿＿＿＿＿＿＿＿＿＿＿＿＿＿＿＿＿＿＿＿

3. 对于学校的校本课程开发,你们还有其他更好的建议和想法吗?

＿＿＿＿＿＿＿＿＿＿＿＿＿＿＿＿＿＿＿＿＿＿＿＿＿＿＿＿＿＿＿＿＿＿＿＿＿＿＿

＿＿＿＿＿＿＿＿＿＿＿＿＿＿＿＿＿＿＿＿＿＿＿＿＿＿＿＿＿＿＿＿＿＿＿＿＿＿＿

校本课程开发教师调查问卷

各位老师:

大家好!

自国家实施三级课程开发体系以来,有不少地方和学校进行了校本课程开发,我校也积极参与其中。现《当代城市小学"和乐"校本课程建设的实践研究》课题组为了提出对课题具有指导意义的实施意见,需对学校校本课程开发现状作进一步的调查了解,因此,我们设计了这份问卷,匿名作答,不涉及教师业务能力和工作情况的评价,希望您能认真如实地填写,谢谢您的合作!

所教学科: 　　　　　　所教年级:

1. 您对校本课程的内涵

(1) 非常清楚　　　　(2) 知道一点　　　　(3) 不太清楚

2. 您认为校本课程开发

(1) 很有必要　　　　(2) 必要性一般　　　　(3) 没什么必要

3. 您知道校本课程开发的基本程序吗?

(1) 知道　　　　(2) 基本知道　　　　(3) 不知道

4. 学校实施校本课程开发是否增加了您的工作压力和负担?

(1) 增加较大　　　　(2) 有所增加　　　　(3) 没有

5. 您是否希望在开发校本课程中得到专业指导?

(1) 希望　　　　(2) 不希望　　　　(3) 无所谓

6. 校本课程开发就是教师编书拿到课堂上去使用?

(1) 是的　　　　(2) 不一定

7. 您的校本课程开发知识是通过什么渠道获得的?(可以多选)

(1) 参加培训　　　　(2) 看相关专业书籍　　　　(3) 别人所言

8. 您认为校本课程开发中最大的困难是:(可以多选)

(1) 缺少课程资源　　(2) 缺少时间　　　　(3) 缺乏专业指导

(4) 家长不接受　　　(5) 缺少经费　　　　(6) 其他

9. 您在校本课程开发中的主要收获是:

_____

_____

10. 在校本课程开发中,您最想提的建议是:

_____

_____

　　学校发放全校家长和学生问卷 1038 份,回收 992 份;发放教师问卷 78 份,回收 71 份。在家长和学生问卷中,大家提出了很多建设性的意见,也使课题组得到了很多信息。其中,最受孩子们喜欢的原有课程依次为"水文化"、"小牛顿学科学"、"创意小灵童"、"汽车模型"、"儿童版画"、"根与芽"和"中华武术"。

(选自华坪小学科研室的部分调研报告)

第三章　『和乐』校本课程建设的研究过程

这些深受学生喜爱的课程大部分都是学校的特色项目,尤其是绿色科技等项目,在之前的创编中也得到了华东师范大学、上海交通大学、上海电机学院、市老科学家讲师团等教授和大学生志愿者的积极参与及支持。特别是专家们走进校门,开设讲座、听课研讨、指导特色课程,为课程建设提供智力支持,提高了课程建设的专业"含金量"。社会上的科技教育基地也成为学校师生课程建设的大课堂,我们积极到社会上学习实践,高等学府也成为学校培训师生的最佳基地,这有效提升师生了建设校本课程的能力和素养。

对于原来就深受学生喜爱的校本课程课程,学校自然将要保留,并加以丰富和创新。

在问卷调查中,家长们也结合孩子的成长困惑,提出了对学校"和乐"校本课程建设的建议。如家长普遍反映孩子的自理能力差和家务指数都比较低,提出能否开设"家务指导类"的课程;针对孩子"以自我为中心"的性格问题,提出能否增加"合作能力培养"类的课程,这给了我们很好的启迪。

结合教师的问卷调查,我们对学校课题研究前的校本课程建设进行了一定的分析,明晰了主要成果和不足之处。学校虽然已经围绕办学目标和办学特色,初步架构起校本课程体系,并创设"软环境"调动了一部分教师参与校本课程建设的热情,但是学校课程建设在新一轮发展中,需要关注更多的需求和解决更多的问题,尤其是在以下几个方面。

一、"和乐"校本课程体系还未清晰完整

虽然前十年华坪小学开发与实施了传统美德教育课程、绿色教育课程,参加了"新基础教育"学校整体转型研究等,积累了丰富的课程资源;2009年3月闵行区教育局与教师进修学院还在学校召开了"区首届小学拓展型课程建设总结暨表彰会",学校获一等奖,并作大会交流获得好评;但学校的课程建设总体框架并未完全建构起来,课程体系尚不清晰完整,处于零敲碎打的"点状",领导团队、教师们都未对学校课程建设进行深入研究、梳理、开发,所以在进入新的发展时期,在学校各方面基础条件都较成熟的前提下,在社会、家长的热切期待下,我们要树立"课程是为学生终身教育发展奠基的工程"的理念,认真理清学校原有的课程建设的好做法和典型经验,站在学校"内生力"建设的高度上,发动师生、家长一起科学制订学校课程规划。

二、校本课程建设中"和乐"理念不够深入

在今天的城市小学中,生源和师资结构都发生了很大变化,如何使来自四面八方的师生在城市小学的平台上和谐相处、共同发展,并能为将来更好地融入广泛的社会做好准备,这已成为学校教育参与和谐社会建设的重要任务。在此过程中,"和乐"理念将超越本校的地理范畴而具有更广泛的意义。学校的"和乐"文化必须依托课程的实施化为师生的"气质"和"行动",所以要精心构建具有"和乐"特征的校本课程。它是在"和乐"理念指导下,以学校为基地,由教师持续系统开发并实施,满足学生成长需求,符合学生成长规律,支持学生培养目标达成,并能适当改变学生课业负担重、心理压力大的教育现状,呈现学校"和乐"文化特色的课程。

三、课程建设队伍专业化发展刻不容缓

之前的十多年,学校在"新基础教育"的探索中,一直将"提升教师队伍素质"作为第一要务。随着教育改革的不断发展,对教师队伍建设的要求越来越高,教师的发展任务仍然比较严峻。现在,虽然教师团队已经有了长足的进步,出现了敢于拼搏、善于学习、颇有潜质的青年骨干,拥有了乐于合作、勇于创新、诚信互助的教研组,但是,与不少优秀学校相比,依然还有很大的差距。

如在各部门、各组室、各学科之间、骨干教师与其他教师之间,都存在着发展的差异:大部分教师的教学观念得到更新,专业化水平得到提高,但是,少数教师的课程意识尚未牢固树立,认为课程开发是专家和骨干教师的工作,与自己没有多大关系;有的教师虽然有志于参加"和乐"校本课程的开发建设,但是由于知识结构趋向老化和单一,觉得无从下手;部分教师在教学过程的目标设定、课堂教学的设计能力、课堂教学艺术等方面还不过硬……这些都成为我们课程建设工作中迫切要关注的重点问题。

因此,我们把着力点选择在"人人参与校本课程资源包建设"和"改变教师日常的教育教学行为"上,因为那是校园生活最真实的体现,是教师专业发展与

人格提升的最佳平台，多渠道、多层面、多角度地对教师进行共性与个性结合的培训，以更加有力的措施来保证教师队伍的基本素养修炼，激发教师专业发展的内动力，从而切实提高教师个体参与课程建设的有效性、科学性。

四、校本课程开发机构和技术支持缺失

以前，我们并没有建立校本课程开发的专门机构，缺乏专家的指导，感到教材的编写难度很大。校本教材应是校本课程建设的重要载体之一，只有真正围绕办学目标进行多年课程改革实践探索而形成的"水到渠成"之作，才是有生命力和存在价值的校本教材。我们要高度重视与支持，组织力量下工夫研究和重点扶植一些从改革实践中提炼出的确有成效的"精华"文本，以防止迈入"以编写校本教材替代校本课程建设"的"应景"误区。

第二节 课程建设的流程与保障

　　华坪小学注重学校内部与外部资源的开发与利用,以"绿色科技教育"和"传统美德教育"特色课程为突破口,加强学校自主拓展型课程的整体规划、框架设计。以"资源课程化——活动系列化——课程生活化"的平实发展步伐追求学生兴趣的拓展、视野的拓展、能力的拓展,实现学生的全面、全体、主动发展。

　　校内外的教育资源、人力资源虽然具有教育的价值,但是缺乏选择性、序列性与科学性。要让丰富的多元资源生成为课程资源需要学校的统一管理、整体规划与有序管理。华坪小学本着"人人参与"的原则进行,组织教师"有特色有创造"地制定自己所承担的拓展型校本课程建设纲要,体现"和乐课程"的指导思想,以达到"资源课程化——活动系列化——课程生活化"。学校通过以下步骤优化资源、生成能量,鼓励全体教师参与"和乐"校本课程开发。

一、教师自主报名与设计课程

　　学校组织教师学习"和乐"校本课程的理念、目标等,并分析个人特长及兴趣,采取自主报名的形式拟定所要开设的校本课程。首先要求教师人人报名,并在此基础上结合学生的需要和年龄特征进行筛选,形成"和乐"校本课程的基本内容。

表1 "和乐"校本课程申报表

科目名称：		适合年级：	
科目类别：□绿色科技类 □艺术冶情类 □学科拓展类 □体育保健类 □主题教育类 □专题活动类			
科目内容：			
科目价值：			
教材情况：□自编教材 □选用教材 选用教材名称：			

教师们根据"课程目标"和"意图描述"，结合"和乐"校本课程的"学而乐"和"我和你"两大系列课程的基本框架，把原有的一些特色课程，如中华传统美德教育与绿色教育、科技教育、生命教育等，有机整合，形成符合学生发展需求、富有特色和时代气息的"和乐"校本课程。

例如，"赏读票证 爱我中华"校本课程的开发改变了传统品德教育方式，探索着一条新的德育途径。课程以全国各地的景点门票为载体，运用多种形式，让学生在主动参与的情境模拟中体验爱国主义精神，从而不但使原本比较枯燥的教育内容变得生动有趣，而且能够激发孩子对祖国大好河山的向往，树立成为爱国栋梁的崇高志向，为其终身发展打下坚实的思想基础。形式多样的学生活动激发了学生们的参与意识，丰富了他们的情感体验：红领巾广播介绍学生自己搜集的票证知识或故事，向同学们宣扬爱国精神、长征精神、航天精神等；由学生参与布置的橱窗、板报等图文并茂，大力宣传和弘扬民族精神，刊登民族历史、文化事例，推介新时代的典型人物等。

又如，针对刚入学儿童的"新生不适症"，我们设计了小幼衔接的"手拉手"校本课程，口号为"手拉手，真快乐，齐合作，共进步"。这些独生子女在家里一般都缺少玩伴,到学校以后,能找到那么多一起成长的同龄伙伴,很快就感受到一种大家庭的归宿感,并在一起学习和成长中感到快乐。一年级学生入学的最初4周,利用拓展型课程和探究型课程的课时,其中4—6课时用于校本课程"我和你"系列中的"温馨一家"课程与活动的教学与组织;主要目标是让来自不同地域、家庭、幼儿园的新生尽快消除陌生感和不适应感,融入小学生活和新的班级大家庭,争做漂亮、神气的小学生。

同时,我们将自主合作的学生主题活动纳入"和乐"校本课程的建设中,搭设学生成长阶梯。主题活动的目的、内容和形式,都听取学生意见,围绕学生的成长需求。活动的策划与主持,都让孩子全程参与,锻炼实践才干;活动成效,也让他们用儿童的眼光和思维进行评价,提升创新能力。学生成长组以"基于学生生命成长的年级主题教育系列研究"的子课题为引领,尊重学生成长过程中的各年段的身心差异,通过阶段调查,设计系列和谐快乐的"成长阶梯",培育生命成长的全程综合意识。

表2 "成长阶梯"主题活动课程一览表

年级	主题	现状	目的
一年级	培养习惯 融入集体	充满好奇 缺乏良好习惯	培养良好习惯
二年级	快乐合作 共同成长	有合作愿望 缺乏方法	掌握合作方法
三年级	聪明管理 体验成功	对知识有追求 缺乏自控能力	学会自我管理
四年级	互相欣赏 懂得感恩	情感丰富 缺乏理解宽容	懂得欣赏感恩
五年级	自主设计 放飞理想	向往新生活 留恋母校	学会自我规划

(选自华坪小学学生成长研究室提供的系列材料)

二、深入挖掘资源与多元充实课程

如果没有一定的师资和课程资源,学生的需求就难以得到满足。虽然学校已经努力挖掘了校内资源,鼓励有一技之长的教师开设特色课程,但是学校内部的人力资源毕竟有限。据此,学校充分认识到社区资源、家长资源及其他社会资源具有学校自身无法拥有的独特性和丰富性,对学校课程资源是一种填缺、拓展和丰富,学校要加以积极开发和科学利用。因此,学校在"和乐"校本课程的建设中,积极构建志愿者队伍,把社会丰富的优质资源引入课堂,同时配备学校的专职教师,完善课程管理,让学生充分体验本土文化,感受多元文化。比如:与"JA课程(国际青年成就课程)"志愿者合作开发的"'国际金贸'我们的世界"课程和与"绿色之友"志愿者合作开发的"根与芽"环保制作类课程等。

"'国际金贸'我们的世界"课程是学校教师与工商界志愿者合作开发的。该课程授课对象为五年级各班对世界金贸和社会经济现象感兴趣的学生,授课时间为每周一下午第三节课,一学期10节课。课程涉及与国际贸易有关的资源、进出口、市场营销、汇率等知识,通过师生互动、小组活动、游戏活动等诸多形式向学生展示世界各国及其文化是如何通过贸易紧密联系的。课程通过与教育界和工商界合作,以互动丰富的商业和经济教育,培养青少年的品格、创造力和领导力。课程结束以后,每位学生设计一个推销方案,用PPT的方式呈现商品种类、营销理念、推销策略等。教师通过打分给出等级,评选出"优秀营销员"。在课程实施中,教师和志愿者创设了一种欢快、活泼、和谐、积极的课堂气氛,使学生的学习兴趣持续高涨,创意灵感不断涌现,较好地培养了他们的创造力和领导力。

三、学校综合评定与优选课程

当全体教师结合学生的兴趣和发展需求、自身的能力和兴趣所在,申报好将着手自主开发的课程后,华坪小学依据"和乐"理念,系统性构建的思路,对校本课程的价值、可行性进行考察,并组织"学校首届优秀课程纲要"的民主评选,在此基础上优选出正式开发的课程。

学校针对当代城市学生的优缺点,积极丰富"和乐"校本课程,建构其内在的逻辑体系,使它变得科学、合理、持续、有效。华坪小学"和乐"校本课程主要包括"学而乐"系列课程和"我和你"系列课程。"学而乐"系列包括"趣味写话"等40门课程,"我和你"系列包括"民族精神代代传"等30门课程,累计70门。

初步统计,华坪小学"和乐"校本课程70门中,创建的为30门,约占总数的43%,梳理后形成的约为57%;有教材的41门,约占总数的59%,没有固定教材的约占41%;一个学期安排有15课时及以上的课程57门,约占总数的81%。

69%的校本课程教学在教室里,其他授课地点为操场、美术室、实验室、舞蹈房、形体房、体育专用活动室、阅览室、校园外等。

在"和乐"校本课程的开发与实施中,30门(即43%的课程)为教师独自创建,其他为与某一两位教师合作,不同学科教师合作,同一备课组教师合作,同一年级组教师合作,各年级组长合作,各年级组长和学科主任合作,全体教师合作,与家长,与志愿者,与出版单位合作等。

四、明确实施要求与实行课程管理

学校对每个"和乐"校本课程的设计方案都提出具体要求:要有明确的课程目标、内容安排、课时安排与评估要求,并通过分工巡视加强课堂常规管理与课程运作指导,保障了各项科目教学的正常、有序开展。

表3 "和乐"校本课程设计方案简表

课程名称		授课教师	
课程目标			
课程介绍			
内容提要			
教材情况			
课程安排			

(选自华坪小学学生成长研究室提供的系列材料)

第三章 『和乐』校本课程建设的研究过程

与此同时,学校还有"和乐"校本课程开发与实施的保障机制:

一是时间保证:保证每周一至二节"和乐"校本课程活动时间。

二是人员保证:选择有特长、乐意者为指导教师,学期初就拟定课程科目方案和实施计划,自编微型教材,制定拓展目标和课程实施方案;认真实施课程方案,有授课记录。

三是经费保证:学校除投入一定经费进行硬件改善外,积极采购教材等资料。

四是制度保证:把承担校本课程教师的工作量纳入工作总量和教师的年终考核,每学年末对各类自编教材、各类活动设计方案等进行评比、整理和归档。

第三节　课程建设的架构与内容

　　"学而乐"系列课程由课程开发部负责建设,"我和你"系列课程由学生成长部负责开发。前者侧重学科的拓展与探究,强调学习过程中的内心体验,着重解决学生"探究能力弱,学习兴趣低"的问题,在体验中感悟"乐",目标是学会学习,快乐学习。后者强调处理个人和外部的关系,包括人与人、人与物、人与社会,着重解决学生"以自我为中心,难以融合"的问题,在活动中追求"和",目标是学会做人,善于合作。

　　事实上,"和"与"乐"是相辅相成、互为因果的一个整体,只是两大系列为了凸显研究重点,也为了开发者和实践者方便理解,在目标表述中略作区分。其共同目标均是为了解决当代城市学生成长过程中所面临的问题,为了让来自不同家庭不同地域不同性格和禀赋迥异的学生都有健康发展的空间。

一、"学而乐"系列课程内容

　　下表就是在校内优选之后,确定开发的"和乐"校本课程中的"学而乐"系列课程。

表1　"学而乐"系列课程一览表

序号	课程名称	实施对象	核心内容	原生科目
1	小幼衔接	一年级新生	适应生活	班队
2	趣味写话	一二年级	想象创作	语文
3	沪语侬侬	一二年级	文明游戏	语文
4	有趣的汉字	一二年级	中华书法	语文
5	趣味 ABC	一二年级	英语口语	英语

（续表）

序号	课程名称	实施对象	核心内容	原生科目
6	小牛顿学科学	一二年级	科技制作	科技
7	舞动旋律	一二年级	形体艺术	唱游
8	童心乐趣卡通画	一二年级	美术启蒙	美术
9	小古文阅读	二年级	经典诵读	语文
10	摇头晃脑诵经典	二三年级	儿童启蒙	语文
11	创意小灵童	三年级	生活创造	科技
12	电脑小报	三四年级	信息交流	信息
13	车模组	三四年级	机械原理	科技
14	小小 WTO	四年级	我与世界	品社
15	中华文字	四年级	书法艺术	语文
16	低碳小当家	四五年级	低碳生活	科技
17	儿童版画	四五年级	创意构思	美术
18	课本剧表演	四五年级	合作展示	语文
19	心理魔方	四五年级	心理调适	班会
20	小小主持	四五年级	主持演讲	语文
21	儿童国画	四五年级	创意构思	美术
22	故事会	四五年级	阅读表达	语文
23	奇妙生物	四五年级	自然变化	自然
24	英文小读者	四五年级	英语文化	英语
25	能源与家园	四五年级	科普教育	科技
26	"根与芽"环保制作	四五年级	科学普及	科技
27	"国际经贸"我们的世界	四五年级	国际教育	综合
28	水文化	四五年级	ESD 教育	科技
29	数学乐天地	五年级	数学故事	数学
30	快乐阅读	五年级	感悟人生	语文
31	红领巾读书会	一至四年级	开阔视野	语文
32	围棋	二至三年级	思维拓展	体育

（续表）

序号	课程名称	实施对象	核心内容	原生科目
33	女子足球	二至五年级	强身健体	体育
34	鼓号声声	二至五年级	礼仪教育	唱游
35	篆刻	三至五年级	印章艺术	语文
36	童声合唱	三至五年级	音乐熏陶	唱游
37	精彩十分	一至五年级	校园生活	综合
38	红十字	一至五年级	生命教育	卫生
39	赏读票证 爱我中华	一至五年级	爱国教育	品社
40	中华武术	一至五年级	健身励志	体育

（选自华坪小学课程教学研究室提供的系列材料）

"学而乐"系列校本课程，主要是自主拓展课程，是学生自主选择修习的课程。它主要由基础型课程延伸的学科课程内容和满足学生个性发展需要的其他学习活动组成，是学校根据国家教育培养目标及本校的办学理念，为满足学生的兴趣爱好和个性特长发展需要，以学生为主体，整合各类社会资源共同开发的适合学校特点和条件的拓展型课程。

"学而乐"系列是学校在"和乐"校本课程建设中精心订制的一桌丰盛的大餐，40门课程就是40道美味佳肴，可供学生在五年的小学时光中尽情地品尝；"学而乐"更是丰富而特别的精神珍馐，每位学生都能分享到学习带来的愉悦。以一年级新生的"小幼衔接"课程为起点，他们开始了快乐的学习之旅。这是幸福的起点，是快乐的开始。

"学而乐"课程，好一个"趣"字了得。一句趣味写话，一句沪语侬侬，有趣的汉字、趣味ABC、趣味卡通画、还有亲手体验科学制作的乐趣、舞动旋律的乐趣……低年级学生的童心乐趣，可谓乐在其中，趣味无穷。

"学而乐"课程，更多的是常规课程的拓展与延伸。由语文课程拓展到阅读、演讲、表演、书法、篆刻等，学生感受了经典魅力，得到了艺术的熏陶，展示了合作与主持能力，丰富了人文底蕴。科技课拓展的课程，力倡创新、低碳、环保意识，关注能源与家园。"赏读票证"激发对祖国河山的热爱。"红十字"让学生学会奉献和感恩。"数学乐天地"、"心理魔方"、"童声合唱"、"鼓号声声",学生自主选择;自然的"奇妙生物"、陶冶情操的"儿童版画"、健体励志的"女子足球"、"围棋"、"中华武术"等,学生的个性爱好一一得到满足。"学而乐"课程,最终的彼岸——学会学习,快乐学习!

二、"我和你"系列课程内容

华坪小学整合综合实践活动,将每年的校园节庆活动、每月主题活动、每学期社会实践活动、每学年毕业典礼,融入到"我和你"系列活动课程的开发中。我们积极借助校外资源,如社区资源、家长资源、社会资源等(高校资源、企业资源),使活动课程资源极大丰富,也保证了活动形态的多样化。"我和你"活动课程让孩子们在丰富多彩的活动中潜移默化地接受教育,了解社会现象,熟悉游戏规则,把握做人准则,了解怎样的做法受到同学的欢迎,体验融入集体为团队奋斗的乐趣……学生在无形当中学习体悟,在兴趣盎然中快乐成长。学生在活动中学到的内容记忆深刻,而且在参与过程中没有太多的负担,活动课程取得事半功倍的成效。下表就是在校内优选之后,确定开发的"和乐"校本课程中的"我和你"系列活动课程。

表2 "我和你"系列课程一览表

序号	活动名称	参与主体	核心内容
1	民族精神代代传	全体师生、家长	毕业典礼
2	关心国防建设,热爱伟大祖国	全体师生、家长	国防教育
3	珍爱生命,拒绝毒品	全体师生、家长	禁毒教育
4	我的发现	全体学生	认识校园主题活动
5	沐浴书海,香溢校园	全体师生	读书节活动
6	让快乐与数学同行,让智慧伴随你我他	全体师生	和乐数学节
7	Happy English,Happy Life	全体师生	英语节活动
8	追求绿色时尚,拥抱绿色生活	全体师生	艺术节
9	校园节能创新实践活动	全体师生、家长与社区居民代表	科技实践
10	体验·创新——低碳、节能实践行	全体师生、家长与社区居民代表	低碳节能实践活动

（续表）

序号	活动名称	参与主体	核心内容
11	阳光体育,伴我成长	全体师生、家长	"阳光体育"活动
12	与健康相伴,与理想同行	全体学生	迎新活动
13	当好小小志愿者,学习雷锋好榜样	全体学生	学雷锋活动
14	牵手母亲,感恩亲情	三至五年级学生	三八妇女节护蛋体验活动
15	插上翅膀飞翔,伴着幸福成长	全体学生	庆祝六一
16	向亲爱的老师致敬	全体学生	庆祝教师节
17	自己的事情自己做	一年级学生（习惯养成）	适应生活
	好习惯伴我成长		养成教育
	遵守学校各项常规		适应生活
	认真当好值日生		小岗位建设
	今天,你倾听了吗?		认真听讲
	妈妈爱我,我爱她		三八妇女节
	我成长　我快乐		回顾展望
18	拥抱春天	一年级学生（感受自然）	文明春游
	爱护水资源,就是爱护我们自己		节水惜水
19	小小岗位我来认	二年级学生（快乐合作）	认领小岗位
	理书包比赛		自理能力
	体验合作快乐		小岗位轮换
	我是班级小当家		争小岗位章
	积极参与快乐活动		初步组建小队
20	家长活动日	二年级学生（争章活动）	争家务章
	星星小火炬活动		争星星火炬章
21	快快乐乐闹元宵	二年级学生（传统佳节）	猜灯谜

第三章　『和乐』校本课程建设的研究过程

（续表）

序号	活动名称	参与主体	核心内容
22	我的天地我做主	三年级学生 （聪明系列）	综合实践
	聪明读书		读书乐
	找朋友		人际交往
	聪明、快乐地学英语		快乐学习
	我的游戏我做主		学会安全聪明地活动
	聪明的师徒		班干部培养
	聪明的小当家		做家务
23	我十岁了	三年级学生 （集体生日）	懂得感恩
24	我欣赏我活动	三年级学生 （珍惜时间）	用行动珍惜时间
25	创新 实践 探索	四年级学生 （欣赏系列）	实践教育
	手帕 VS 纸巾		学会取舍
	我们都是好朋友		人际交往
	"精灵兔"齐心协力显身手		干部培养
26	我和蚕宝宝共成长	四年级学生 （感恩系列）	责任教育
	我们的种植活动		生命教育
	老师的爱		感恩教育
	金色畅想		亲子互动
27	走近传统游戏	四年级学生 （运动系列）	智慧创造
	因为有我,运动会更精彩		责任教育
28	伟大的祖国	五年级学生 （魅力中国）	爱国教育
	"阳光 诗韵"		读书活动
29	为孩子们的成长保驾护航	五年级学生 （感悟幸福）	家校沟通
	我眼中的幸福		感受幸福
30	我们是一家人	五年级学生 （感恩母校和规划未来）	集体凝聚力
	再见了,母校		感谢母校
	毕业,珍重		校园生活回顾
	小手牵大手 一起迎新年		才艺展示

"我和你"系列课程是华坪小学综合实践活动的有效整合。课程取名"我和你",意味着课程在活动中,通过集体、团队的力量共同完成,目的是培养学生的合作意识,懂得合作才能成功,从而达到——学会合作,善于合作,将来更好地融入社会大家庭。

30门"我和你"系列课程,同样是一座丰富多彩的活动库。在这里,每一个学生都能融合到集体、团队中,通过主动参与接受最有价值的教育。

30门课程大到国家民族,小到个人习惯,活动内容无不涉及。全体师生和家长参与的爱国传统教育、国防教育、法制安全教育等活动,让学生从小树立正确的人生观,增强民族自豪感。全体师生参与的校园里的各项节日活动有:读书节,书香溢满校园,学生在书海中遨游;和乐数学节,分享数学智慧;英语节,快乐学英语;艺术节,拥抱时尚绿色;"六一"节,体会童年的幸福;"三八"节,感恩母亲的亲情;教师节,向老师致敬;等等。结合校园内各项主题教育活动,全体师生、家长与社区居民代表参与的科技、低碳节能实践活动;全体师生、家长参与的"阳光体育"活动——都极大地提高了学生的合作能力。

此外,学校根据学生的年龄特征,按年级分别开展一系列活动。如一年级的习惯养成和感受自然的活动;二年级的快乐合作和争家务、火炬章、传统佳节猜灯谜活动;三年级的聪明系列、集体生日、珍惜时间活动;四年级的欣赏、感恩、运动系列;五年级的爱国读书、感悟幸福以及感恩母校和规划未来的活动等。30门系列课程活动以自身特有活力张开臂膀拥抱"我和你"!

三、学生眼里的"和乐"校本课程

"和乐"校本课程精彩与否,参与其中的学生最有发言权,下面摘录三位学生参与"和乐"校本课程学习的心得与体会。

1. "数学乐天地"中的无穷乐趣

上个学期,我们上了5节数学拓展课,就是这5节拓展课,让我受益匪浅,感触良深。学数学最重要的就是要善于思考。如果把数学拓展课比作一把锁的话,那思考就是一把开锁的金钥匙,使我透彻地理解这些内容。这些课程激发了我们对数学的兴趣,让我们的大脑活跃起来。

第一节课,我们学习了中位数和平均数。这让我知道如果一组数据的大小相差不大,使用平均数能够反映数据的平均水平;但是当一组数据中某些数据严重偏大或者偏小时，最好选用中位数来表示该组数据的一般水平。这样一来，就可以合理计算一组数据的平均水平了。"从前有座山，山里有座庙，庙里有个老和尚。老和尚对小和尚说：从前有座山，山里有座庙，庙里有个老和尚，老和尚对小和尚说……"这则故事就是个循环和周期。瞧！循环小数和周期多有趣，连名侦探柯南中都出现了。"只见汪洋就以为没有大陆的人，不过是拙劣的探索者。"这是培根说的。探索真是给我带来了莫大的乐趣。

之后，聪明格让我看到了，中国古代流传下来的"河图"、"洛书"，它们还被誉为"宇宙魔方"。"聪明格"又堪称"升级版的数独"，难度很大，但我爱去探索其中的奥秘，当中的9个数字，有时让我头疼不已，脉搏加快，可有时却让我欣喜若狂。《有趣的编码》这一课，是我最感兴趣的。编码就是把数字赋予一定的含义，并按照一定规则进行排列，就连我们平常家里的电话号码也是按一定的规则来编写的。飞机票也是如此哟！回到家里，我还在仔细地研究，希望能找出生活中编码的有趣规律。

方程解法有时比算式解法简单得多，所以我经常使用它。每当遇到思维有些混乱的时候，我就会设X来解决问题，它的优越性是尽人皆知的。自从学了方程这种解法，我做题目时，感觉简单多了，这让我十分兴奋。此外学会了梯形三角形计算公式后，我觉得连图形题也简单了很多。最后，汉诺塔明明是一个图形问题，最后解答时却可以用数来表示，这让我觉得很特别。

这次的拓展课程让我受益无穷，使我学到了更多可以简单解决学习中碰到的复杂问题的方法，真棒啊！

（徐若云）

2. "我的发现"活动中增长表达能力

上个学期，我们学校开展了一个"我的发现"的活动。不管是一年级的弟弟妹妹们，还是五年级的哥哥姐姐们，都在校园里生活了有一段时间了。在这期间，我们一定用明亮的双眼发现校园里最美的地方。有人可能认为是北校园教学楼墙壁上的巨大的蒲公英最美丽，也有人可能认为是操场前方的小型瀑布从高处往低处"哗哗"地飞泻下来时最美丽……

而我，这个在华坪小学生活了近五年的小学生，则认为，在南校园底楼的科技长廊最美丽。科技长廊在我们三年级时就已经修建好了，下课后，总有不少同学跑到底楼，玩科技长廊的那些充满着智慧与奥妙的小玩具，像"不能酒后驾车"啦,"公园里的骗人把戏"之类的,让同学们对这些问题充满了兴趣,不由自主地去探索,去观察。

我是从四年级起搬到这里来,看到同学们都兴致勃勃地跑去玩时,发现了有这么一个奇妙的地方。从此,我也展开了对科学的"探索之旅"。

每次下课,我总是跑到科技长廊,用笔和纸记录下同学最喜欢玩的游戏和我认为最有趣的游戏以及它们的介绍及玩法。在记录的过程中,我也发现我的写作水平在提高,对事物的描写能很生动、很形象。

终于,我被选中参加一个活动——在来宾老师到达南校园时介绍学校最美的地方。

在来宾老师到来时,我笑容满面地将我心目中学校里最美的地方——科技长廊里的内容一一介绍给老师们听。来宾老师们总是听得津津有味,听完后,还笑着不住地夸我讲得好呢! 在介绍的过程中,我发现我的口头表达能力在增强。

总之,这次的"我的发现"的活动给了我很深的印象。在校园里,还有很多真正美的人、事、物,值得我们去发现!

(罗灵霄)

3. 在"水文化"考察中感悟哲理

2011 年 2 月 19 日　　　　星期六　　　　阴天

水是生命之源

——黄浦江源头考察日记(1)

今天,我随着学校的科技社团一起去黄浦江源头考察。一大早,我们兴奋地赶到学校门口,乘上大巴,向着考察的第一站——黄浦江上游的米市渡驶去。米市渡位于上海市松江区,是被称作黄浦江的起始段。这一段的河道非常繁忙,江上船来船往,放眼望去水呈暗黄色,比较浑浊。我心想这上游的水怎么也这么脏? 难道我们喝的黄浦江水比这还要差?

带着满腹疑问,我们开始了水质测试。老师用吊桶提好了水,让我们分组测试水体温度、水的 PH 值、水中的含氧量和硝酸盐、磷酸盐的含量。我测的是水中硝酸盐的含量。我先用滴管把 5 毫升水样滴入试管,再放入测试硝酸盐的小药片,盖好盖子用力摇晃。没想到水逐渐变了颜色,从无色透明变成了淡红色。真有趣! 这是因为小药片与水中的硝酸盐类物质起了化学反应的结果,水就变了颜色。我拿着样本与对照表上的色卡细细比对，得出了结论——水中的盐类物质较少，这说明水质轻度污染。虽然结果比我想象中要好，可是我的心里始终不安。

结束在米市渡的考察，我们又驱车赶往位于浙江杭州的西溪湿地公园。一下车，一阵凉爽的风拂面而过，我不禁深深地吸了一口气。在这里有着与米市渡截然不同的风景，小河纵横交错，清澈见底。虽说冬未尽，春未来，但是，从小河两岸各种枯萎的植物和顽强生活的忍冬植物看出，这里植物繁多，到了春天一定是郁郁葱葱的绿色世界。

草丛与树木是鸟的天堂，虽然天气还很冷，但是西溪湿地公园依旧有一些水鸟在水中嬉戏、寻觅食物。偶尔有几只不知名的鸟儿在树枝上歌唱，这歌声和着小桥流水、和着我们的游船，呈现出一片别有风味的湿地美丽冬景。老师告诉我们湿地是地球的肾和肺，它能通过湿地中各种生物的作用过滤城市排除的废水和废气等，达到净化空气、净化水的作用，这里也是动植物的乐园。

听着老师的介绍，看着这里优美的环境，我们若有所思。随着人类活动日益频繁，我们的生存环境受到极大的破坏。水是生命之源，我们应该保护环境，净化水源，让我们的生活变得更美好。

2011 年 2 月 20 日　　　星期日　　　阴天

为有源头活水来

——黄浦江源头考察日记(2)

今天，晴空万里，太阳高高挂在天空。今天是我们对黄浦江源头考察的第二天，我们"水孩子科技社团"的全体成员乘上大巴，向着浙江安吉龙王山驶去。

传说山上曾有龙王居住，故名"龙王山"。龙王山面积 12 平方千米左右，海拔最高处 1500 米左右。正说着，车子驶进了龙王山境内，一路上是高山流水，竹子多得数不胜数，它们沐浴在早春的阳光中，太阳也向我们热情地打招呼。车子行驶在竹子的影子中，我们望着翠绿的山峦，听着潺潺的水声越来越响，啊，我们离黄浦江源头越来越近了……

到了龙王山景区，我们带上水质检测器具，徒步沿着山间小路徒步向山顶进发。突然，草丛里有一阵风吹过，只见一只猴子"嗖"地敏捷地攀上了树，接着就见一大群猴子接连不断地从草丛里窜出，有一只小猴子机警地爬上了电线杆，表演攀爬高压电线的绝技，游人见了不时地撒下食物，逗它们玩……

接着,我们走上了一座桥,上面写着"龙王桥"。我们走过了"神龟驮桥",参观了"百龙献瑞",只见上面写了一百个"龙"字,但字体各不一样,各有千秋,美不胜收!我们又走了好一会儿山路,来到了一个亭子里,稍作小憩,仰望对面是高山峻岭,俯视山下是深潭幽谷,据说这里在2002年曾举行过极限攀岩的运动呢!

最后,我们通过了摇摇摆摆的吊桥,经过数百级石阶,终于来到了黄浦江的源头。在老师的指导下,我们认真进行了水质的抽样测试,我们还把检测的数据与在米市渡、西溪湿地的测试数据进行比较,最后证实了我们最初的猜想——源头的水是最干净的!

面对清澈潺潺的源头,我不禁浮想联翩,脱口而出朱熹的千古佳句:"问渠那得清如许,为有源头活水来。"是的,上游的水总比下游的水清澈,这不正深深启示了我们做任何事都要力争上游吗?!我顿时感觉天地一片明朗。

(雷玙衡)

四、注重校园隐性课程系列的建设

在建设"和乐"显性校本课程的同时,华坪小学注重校园隐性课程系列的建设。学校广泛征求意见,听取教职工、学生和家长的"金点子"建议,实事求是根据学校现有条件,将校园的隐形课程化为建设蓝图,并分步实施,使校园环境和特色设施凸显出育人的价值。南北校园均以绿色科技为特色,北校园偏向火热童趣,形象墙上的"蒲公英"蕴含着灵动热情;南校园偏向理性思辨,形象墙上的"智慧树"传达着沉静奋进。

学校在充分调查的基础上,向全校师生征集文字——"学习格言"、"教育格言"、"幸福感悟"、"对形象墙的理解"等;征集照片图画——"动人瞬间"、"我最得意的作品"、"七巧板创意作品"等,并有选择性地布置在橱窗中、楼道里,目之所及,均是源于师生的作品。最具特色的是南校园的校园环境建设,它的设计和实施完全与"和乐"校本课程"水文化"相辅相成,学校特色探索长廊和特色试验室经过申报答辩,被评为"上海市创新试验室"。

这一校园隐性课程让师生深深感受到自己就是"和乐"文化的创建者之一,主人翁意识油然而生。华坪小学就是要让学生在学校里感受到阳光,感受到快乐,让他们的童年时代充满快乐。

第四节　课程建设的评价与完善

　在课题启动之时，华坪小学就开始了对"和乐"校本课程建设的相关评价研究。我们从目的、对象、内容、手段和方法等方面进行了深入的探索，旨在为学校教师做出明确的导向，进一步推动"和乐"校本课程的建设。

一、评价目的：促进"和乐"校本课程建设

"和乐"校本课程建设评价研究的目的是为了进一步完善"和乐"校本课程资源建设，提升教师开发课程的能力，促进学生的自主发展和学校的内涵发展。传统的评价侧重于筛选、鉴别事物，而我们的评价则是以促进和改进课程建设为目的，这就要求评价的参与者处处以"促进发展"为核心，以"和乐"理念为指导，不断为被评价者诊断各种问题，探索改进措施，选择行动决策，促使评价对象更好地发展。

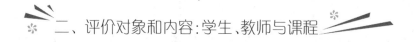

二、评价对象和内容：学生、教师与课程

1. 对学生的评价

对学生的评价主要依据授课教师的记录数据，包括学生出勤情况、学生参与热情、团队合作意识、能力锻炼、学习体会以测试等第。另外，从学生学习小组的记录评价每个学生，包括团结合作精神、独立处理问题的能力、学习态度和学习效果等方面。具体从以下六个方面进行评价：

（1）是否在知识或技能的某些方面获得进一步的拓宽或提高；

（2）兴趣爱好和潜能是否得到进一步开发和发展；

（3）是否学会选择并作出决策，能根据自身的基础、兴趣爱好和社会发展

需要选择拓展内容与方向;

（4）在综合实践能力方面是否得到提高;

（5）在自学能力、合作能力、批评性思维能力、发现问题分析问题和解决问题的能力等方面是否得到增强;

（6）勇于探索、积极创新、自觉钻研、进取向上的精神是否得到培养。

表1 "和乐"校本课程学生学习评价单

班级_____ 姓名_____ 授课教师_____

指标	序号	评 价 标 准		评价等第		
		★★★标准	★标准	自评	互评	师评
参与程度	1	主动、积极参与	能与大家一起玩			
	2	有拓展资料(作品) (三篇以上)	拓展资料(作品) 仅有一篇			
	3	有浓厚的拓展兴趣	有拓展兴趣			
合作精神	4	能大胆表明自己的想法	有时能表明自己的想法			
	5	能服从分工并完成任务	尚能服从分工			
	6	能热心帮助别人	有时也能帮助别人			
拓展能力	7	有观察和思考能力	有一定的观察能力			
	8	有发现和提出问题的能力	有一定的发现问题的能力			
	9	有收集和整理信息的能力	有收集信息的能力			
其他	10					
	11					
	12					
定性评价	自评:					
	互评:					
	教师评:					
说明	1. 定量评价等第设三星级、二星级、一星级等。在三星级与一星级之间评二星级,若低于一星级则画一个"○"。 2. 定性评价指对主要问题、突出问题或某些特长写出描述性评论。 3. 本评价属于对课程参与者基本表现的评价,若是项目拓展或小制作或有个性表现的,可参考此标准,或在表中"其他"栏另加标准。 4. 本评价适合于中高年级学生,对低年级学生仅供参考,或选择其中几条标准。					

2. 对教师的评价

对教师的评价主要依据课程开发计划看完成记录、备课情况、工作态度、实施课程的方法和学生反馈效果等。具体可以从以下六个方面进行评价：

（1）课程计划对发展学生个性的合理性；

（2）教学内容的科学性、时代性、层次性和综合性；

（3）对所教班级每一个学生的关注程度；

（4）教师在实施拓展型课程中的投入程度；

（5）教师在开发和建设拓展型课程过程中其专业水平的提高程度；

（6）实施方法的有效性和教学目标的达成度。

表2 "和乐"校本拓展课程学生问卷调查

1. 你对本学期你所选修的拓展课程感兴趣吗？

A. 非常感兴趣　　　B. 有一点兴趣　　　C. 无兴趣　　　D. 不再学了

2. 你认为你所选修的拓展课程对你平时的课堂学习有帮助吗？

A. 帮助很大　　　B. 有一些帮助　　　C. 很少有　　　D. 没用

3. 你通过本学期的拓展课学习，你的知识面真正得到拓展了吗？

A. 有很大的拓展　　　　　　　B. 学到了一点新的课外知识

C. 很少　　　　　　　　　　D. 根本没有

4. 你所选修的拓展课是否正常的开展呢？

A. 很正常的开展　　　B 偶尔中断　　　C. 我经常缺席　D. 老师经常缺席

5. 除拓展课外，你还经常从哪些渠道了解与该拓展课有关的信息呢？

A. 与父母亲人的交流中　　　　　B. 从网络上

C. 从课外书本上　　　　　　　　D. 课外不再关心

6. 老师在拓展课堂教学过程中，是否经常与你一起动手操作、做相关的实验或查找资料？

A. 经常　　　B. 有时　　　C. 很少　　　D. 从来不

7. 你所参加的拓展课的课堂纪律情况是

A. 非常好　　　　　　　　　B. 一般

C. 有些同学不听，做自己的作业　　　D. 吵闹，很不好

8. 老师在拓展课堂教学过程中，是否鼓励同学发表自己的观点并认可你们的观点？

A. 经常　　　B. 偶尔　　　C. 很少　　　D. 从来不

9. 你对你所选修的拓展课任课教师总体印象是

A. 最喜欢的老师　　B. 较好　　　C. 一般　　　D. 不再选修这门课

3. 对课程的评价

课程评价是指学校课程发展共同体对教师的科目设计、课程内容、课程实施、教学效果等方面进行评价,并结合过程性评价,不断调整修缮课程,提高课程品质。具体可以从以下六个方面进行评价:

(1) 课程目标的准确性、完整性和现实性;

(2) 课程内容的科学性、吸引力、价值比和实际性;

(3) 课程实施中学生的参与状态和教师的指导状况;

(4) 课程绩效的考量:学生学习兴趣和综合能力;教师课程开发与实施能力。

表3 "和乐"校本课程评价表

课程名称				教师		
一级目标	二级目标	评价标准	标准分		自我评价	学校评价
课程目标 10分	准确	是否符合学校的总体目标	4			
	完整	三维目标是否完整	3			
	现实	是否符合学生的实际、学校的实际、社会的实际	3			
课程内容 30分	科学	是否符合科学规律	10			
	吸引	是否对学生有吸引力	5			
	价值	是否有学习、探究的价值	10			
	实际	是否符合学生的身心发展特点	5			
课程实施 40分	学生参与	是否能积极组织学生参与	20			
	教师指导	是否对学生进行有效指导	20			
课程绩效 20分	学生	学习兴趣、综合能力是否提高	10			
	教师	课程开发与实施能力是否提高	10			
总体描述	教师					
	学校					

自我评价总分:_____   学校评价总分:_____   日期:_____

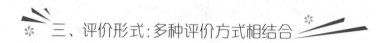

三、评价形式:多种评价方式相结合

1. 自评和他评结合

通过课程开发实施的教师自评、学校评定,结合学生效果反馈,形成"和乐"校本课程的单科综合评价、教师校本课程开发能力评价;通过学生自我学习评价和教师对学生的评价,形成学生在校本课程学习中的学力评价。

2. 量评和质评结合

通过调查,让数据讲话,看最受欢迎的校本课程是什么,对数据最低的几门课程进行整改或淘汰。同时也通过数据清晰评价学生参与校本课程学习的能力高低,在数据之后有简单的质性表述。

3. 评价结果与及时奖惩结合

评价完毕便及时反馈,由相关领导与教师直接沟通,确定努力方向;由班主任与学生交流沟通,指出其优势与不足处,进一步促进学生的发展。对于优秀的学生、教师和课程,在每月末或每学期进行表彰和奖励。学校在学期末进行,各个班级则多在每月末进行。

这样的评价,评价结果与物质奖励、精神鼓励结合,体现科学简便、公开公正、激励促进的原则。在内容与形式上,既和教师已有的月评价、学期总评相结合,又比较客观地运用定性与定量分析、自我评价与他人评价、形成性评价和终极性评价相结合的方法,体现"评价——衡量——反馈——调整"的全过程,注重评价的全面性和兼容性。评价成为学习和促进的过程,进一步丰富了"和乐"文化的内涵,对教师和学生个体具有较强的导向、激励作用,也较好地促进了"和乐"校本课程的完善和发展。

第四章

"和乐"校本课程建设与
教师专业发展

第一节　教师建设"和乐"校本课程个案

校本课程是以校为本的课程,其开发建设的力量主要是本校教师。华坪小学"和乐"校本课程的开发与实施,凝聚了全体教师的智慧与辛勤付出,这是他们对孩子快乐成长的关注,对学校成为"和乐"幸福园的贡献,对心爱的教育事业的执著。下面就让我们一起分享三位教师讲述的开发与实施"和乐"校本课程的精彩历程。

一、开启奇幻之旅:建设"赏读票证　爱我中华"

在华坪小学,有一门特殊的课程,它并没有讲解长篇大论的道理,却让走出课堂的孩子深悟其义;它并没有解说深奥的理论,却让每个身处课堂的孩子开启思维之门;它并无花哨的多媒体技术支撑,却让学生在方寸之间,遨游中华。这门课程就是全体学生成长组成员共同精心开发的——"赏读票证　爱我中华"校本课程。

缘起——一声叹息

社会不断发展,人类思想不断变化,随着信息技术的日益发达,学生在了解世界,增长知识、开阔视野的同时,也受到了不少社会负面的影响,娱乐媒体在报道各类娱乐花边新闻的同时,无形中使中小学生滋生了享乐主义、拜金主义、自私自利、极端个人主义等消极思想。

而传统形式的德育中也存在着不少问题,如社会的多元价值观与学校一元价值观出现矛盾,教育中德育与智育难以平衡,德育中教师说教多学生感悟少,等等。曾经就出现过这样的现象:老师刚在课堂上讲完要热心帮助需要帮助的人,回家后就听见在路上帮助了摔跤的老人后,被"讹"上的报道,爸妈的一句"好人做不得"把课堂上的德育抵消得一干二净,还增加了负面影响:老师教的东西都不符合现实生活。如此,学校、家庭、社会教育内容上的差异性,导致受教育者思想的困惑。由于中小学生在学校接受纯粹、正统的中华民族传统美德教育,在家庭受到的是利己主义倾向的实惠教育,在社会受到的是追求利益回报的商品教育,这种反差造成了涉世未深的中小学生思想道德的混乱,削弱了中华民族传统美德教育的正面影响。在矛盾冲突中,心智还不成熟的中小学生容易陷入迷惘之中。

于是,老师们也只余一声叹息:"现在的孩子可真难教!"

赏读票证教材

然而,面对现实不作为并不是华坪小学老师的风格,有困难也意味着有突破口。通过调查与研究,我们发现学生对流行的文化元素接受度非常高,如流行歌曲、青春偶像剧、动漫等,而且他们都喜欢旅游,却苦于年龄尚小,且家境也不相同,难以四处游览。以此为契机,我们找到了寓教于乐的德育新途径——即开发新课程"赏读票证 爱我中华",想通过这门校本课程的实施,让学生了解祖国历史,珍惜前人留下的宝贵财富,让民族精神在孩子的心灵中"扎根树魂"。同时,通过对此门课程的设计、开发、实践,并调整全过程的研究与探索,来积累学校课程建设的有效经验,从而以点带面,形成良好态势,推进学校内涵发展。

前行——无惧风雨

有了好的创意,必须要通过实践来检验。顾名思义,校本课程开发是指学校根据自己的教育思想自主进行的适合学校具体特点和条件的课程开发。它实质上是一个以学校为基地进行课程开发的民主开放的决策过程,即校长、教师、学生以及家长和相关人士共同参与学校课程计划的制订、实施和评价活动。它涉及学校教育的各个方面,它作为一种开放的决策过程和变革过程,要求体现出参与、合作、民主和多样性原则,需要与国家、地区和其他有助于课程开发的机构之间相互交流协调而进行课程的设计、实施和评估。

为了更好发挥校本课程的作用,保证"赏读票证 爱我中华"校本课程的顺利实施,学校建立了以校长为首,由专家、教师、学生代表组成的组织机构,先后召开教师座谈会、领导班子会,并在学生中进行调查和了解,广泛听取各方面的意见和建议,确定了开设"圣地红歌"课,旨在让学生了解祖国成长的艰辛历程,继承和发扬优良的光荣传统,教育学生热爱祖国、热爱中国共产党、热爱家乡,从小树立远大的理想。

从"零"开始,开设"赏读票证 爱我中华"这样一门新课程的难度不言而喻,然而,有了这样一支开发团队,攻坚克难不在话下。教师知识面有限,内容挖掘不深,怎么办?请专家来利用寒暑假培训。每周二的教研组活动,我们根据校本教材的特点对教师进行共识性培训与专业知识培训,让教师进一步明确校本教材开发的意义、目的、方法、步骤、形式、内容、使用方法、评价方式等。没上过这样的课,不知道怎么上,怎么办?第一个吃螃蟹的人来了,宋峥嵘、王莉、潘翠华三位老师首先执教"赏读票证 爱我中华"校本课程里的三节课——《中国奥运精神》、《众志成城,抗震救灾》、《天安门》。老师们认真听课、踊跃评课,共同研讨交流,发表见解,直抒胸臆,畅所欲言,该肯定的肯定,该"拍砖"的"拍砖",谁也不会恼,和而不同吗?带着这样一股子闯劲,"赏读票证 爱我中华"校本课程正式研发了。

收获——花儿朵朵

"赏读票证 爱我中华"课程建设以寓教于乐的德育为最终目的,实施之后,学生通过一堂堂深入浅出的课,透过一张张简约不简单的票证,不仅仅获得了精神上的奇幻之旅,也在潜移默化中得到了文化的熏陶。

然而,这门课程的收获不止于此。这门课程的开发过程使教师成为课程的创造者和设计者。教师对学生的影响不仅仅表现在学识方面,更重要的是体现在人格方面。因此,校本课程开发过程中必须立足于教师的个性,校本课程的开发、研究、设计、实施和评价都由一线教师来承担,使教师与其工作效能直接发生关系,这必将有利于教师专业精神、专业技术的提高,有利于教师个性特长的发挥。

这一过程也让学生的个性得到发展,因为学生也是校本课程研究开发的参与者,他们对校本课程的开发最有发言权,他们将会根据自己的兴趣、动机、个性特长,对校本课程作出自己的选择,并对校本课程的建构、完善、提升提出自己的要求,也奠定了华坪小学开发"和乐"校本课程建立在学生自主发展、个性特长发展的基础之上的基调。

同时,我们也形成了学校的特色。一所学校,除科学切实地落实好国家课程外,还应有自身的办学思路和风格,而当前我们"和乐"校本课程的研究开发追求的就是自己的办学特色。

"赏读票证　爱我中华",通过一张张静态的票证,带领学生穿越时空,了解中华民族的过去与现在,开启了学生通往中华民族复兴崛起之旅的大门。

(赵燕燕　顾晓真)

二、挽留创造之神的脚步:开发"创意小灵童"

随着课程改革的不断深入,新课程的理念也不同程度地被融入到教师的教学实践中。为了使新课程的理念能更平稳地着落在课堂上、融合在实践中,我曾彻夜思考衔接的关键点。一次上课的经历给了我极大的震动。

"哇!我看到蚯蚓在吃土了。""哇!我看到蚯蚓到土里去了。""呀,哪个是蚯蚓的头,哪个是蚯蚓的尾呢?"在课堂中,不断传来孩子们发现的欣喜和惊奇声。我的心随之欣喜、惊奇起来,孩子们真聪明,他们多么愿意亲近大自然啊!

我们究竟该怎样来教他们呢? 是这样:这是蚯蚓的头,这是蚯蚓的尾,……还是:……

"老师,我发现蚯蚓是一曲一曲像波浪样向前动的,它的身体还一会儿变得细长,一会儿变得粗短。""嗨,你观察得真仔细,那你们再仔细看看,蚯蚓什么时候身体变得细长,什么时候变得粗短?"

又一组学生向我介绍道:"我们发现蚯蚓总喜欢待在湿泥土上,不喜欢干燥的沙子。我刚才用铅笔尖碰它的身体,它会缩起来的。"刚才那组,又有新的发现了："老师，我们刚刚认真观察了一下，发现蚯蚓在嘴碰到地面时，身体会缩短变粗短，然后又变得细长向前爬行了。我还用耳朵贴上去听了一下，蚯蚓爬的时候有声音的。""那是因为它身上有刚毛，不信你用手轻轻摸摸它的身体表面，所以它爬地时碰到地面就会发出'沙沙'的声音。"旁边的同学补充道。

他们的眼睛是那么透亮，他们的神情是那么专注，他们的智慧在闪光。我干了些什么呢？只是给他们提供了一些材料，只是给他们提供了一个亲身实践的机会，只是不再禁锢他们的手脚，不再去控制他们的眼和脑。

"老师，蚯蚓总是生活在地下的，给它晒晒太阳会怎样？"他们不再满足只是观察了，他们要探究了。我赶紧拿来了原准备做演示实验的光源灯和他们一起做起实验。

什么是"活"的？什么是"发展"？叶澜教授把孩子们称为"活的生命体"的意义，我想也就在于此。孩子们永远也不会停止探索他们周围的世界，因为他们拥有一颗不停寻找、发现、探究的童心。就是这颗童心促使着他们不断地发展，不断地展示着他们的生命活力。

在课即将结束前的集体交流过程中，孩子们还提出了许多奇思妙想：如发明一种机器毛毛虫像蚯蚓一样，在地里为植物松土、施肥，这样就既能减轻农民的负担又能保持土壤质量……

孩子们所交流的内容之广泛、语言之丰富、思维之活跃，已远远超出了我预先的设想，已远远超出了教材的要求。而这一切都是他们自己所感悟到的。陶行知先生曾在《创造的宣言》一文中呼喊着："创造之神，你回来吧！只要你回来，我们愿意把一切——我们的汗，我们的血，我们的心，我们的生命——都献给你。"今天，孩子们给我上了生动的一课，只要给予他们真正的实践机会，他就会主动地去学习、主动地去发现、主动地去探索、主动地去思考、主动地进行创造。

我想，这是不是挽留住创造之神脚步的希望呢？创新与实践是我们这个时代教育的主旋律。让学生在实践中获得发现的乐趣，创新的体验，展现他生命体的活力，应是我追求的目标。

经过一段时间思考之后，我尝试开设"创意小灵童"课程。在课程开展的前期，我也曾经产生过一些迷茫：创新教育就是小发明、小创造？学生的小发明、小创造多的学校，创新教育就有成就，否则就没有成绩吗？创新教育就是培养学生的创新思维（也有称创造性思维），而创新思维就是发散思维？

在随后的教学实践中,我逐渐认识到,创新教育的任务是培养学生的创新人格、创新思维和创新技能,而不仅仅是创新思维。创新不只是少数天才学生的事。其实,创新是人的本性,人人都具有创新的潜能与倾向,关键是我们后天的教育是否尊重、保护并培育了这种潜能,激发、促进并满足了这种需要。《学会生存》曾指出:"教育既有培养创造精神的力量,也有压抑创造精神的力量",人的创新精神与能力不完全是由先天因素决定的,后天的教育因素也是重要的决定力量。

我坚信通过"创意小灵童"课程的学习可以把学生存在着的多种潜能变成现实,在"创新"面前,没有后进生与尖子生的差别。这在于你怎样去开采挖掘。教师在实践中应善待每一位学生,努力开发每一位学生的创造潜能。创新教育应具有全体性,应面向每一个学生。经过努力,我指导的学生参加"英特尔上海青少年创新大赛"多次获一、二等奖,还荣获华师大二附中英才奖等奖项,我自身也获得"英特尔上海青少年创新大赛优秀科技教师"、"上海市优秀科技教师"等荣誉。

(陈佩康)

三、让丑小鸭变白天鹅:"心理魔方"开发心得

在我们的日常教学中,常常发现有这样一群孩子:他们的注意力特别不易集中,记忆力差,做事丢三落四,学习成绩差,做作业拖拉,调皮多动任性,行为冲动、冒险,精细动作差(如系鞋带困难),讲话结巴、词不达意等。他们中有的还易紧张、胆小、退缩、偏执、爱哭、不合群、吃饭挑食或暴饮暴食等。面对孩子的种种问题,家长和老师常常使尽浑身解数,但依然不见孩子有明显的进步。有的家长给孩子吃药、打针等,但收效甚微;还有的家长认为孩子是有意不听话,对孩子又打又骂,造成了孩子的身心创伤。在旁人眼中,他们就是一群可笑的"丑小鸭"。

学习困难出现的原因很复杂,部分儿童大脑功能发育不协调,需要心理训练来加以矫正,这是由于大脑对身体感觉统合的障碍。我们根据学生感觉统合失调程度和智力发展水平,制定相关的训练课程,主要从解决学生数学能力障碍、阅读障碍、听课障碍三个方面的学习能力入手,通过一些课程,对不同孩子的问题进行大脑功能训练。

小佳是班级里有名的小蜗牛,吃午饭要花一个小时,抄写备忘录要半小时,整理书包要半小时……时间在磨蹭中一分一秒地过去了,可小佳的课堂作业还是一片空白。家长对此也百思不得其解;为什么小佳看电视时的反应飞快,但一离开电视,就仿佛在播放电影慢镜头一般?为此,家长带小佳看了很多专家,配了最贵的药,可孩子的反应还是没有多大变化。

进入"心理魔方"班后,小佳面临的第一课就是"用筷子夹绿豆"。3分钟过去了,小佳还在和绿豆奋战,旁边的盘子里还是空的。据了解,三年级以前,小佳每次吃饭都是奶奶喂的,否则就只吃零食不吃饭。因此,小佳在筷子的使用上并不是很熟练。和家长沟通后,用筷子夹绿豆代替了小佳的部分作业。有时,周围的同学也会和小佳比赛,看谁夹的豆子多。在游戏中,小佳学会了筷子的使用。一段时间后,一些简单的抄写作业她也能在短时间内完成。

儿童的统感失调不仅仅表现在学习上,更直接影响孩子的情绪,成为同伴交往的障碍。这些孩子还容易出现易紧张、胆小、退缩、偏执、爱哭、不合群、吃饭挑食或暴饮暴食等现象。

斌斌是这些孩子中最具代表性的一位。他长得人高马大,饭量惊人。每天的午餐,他都要添上几回,但有时仍会喊"饿"。据他家长反映,他一顿饭至少要吃6个鸡腿。斌斌很爱吃肉,讨厌蔬菜,炒饭里的每一粒青豆,他都要一一挑出。斌斌留给同学的另外一个印象就是"霸道"。发现自己的作业本找不到了,他二话不说就会去翻前面同学的书包,几番搜索无果后,便抢起拳头打人。只要他不高兴,他随时都会打同学,几乎全班同学都被他打过,班级里没有人愿意和他做朋友。

斌斌的父母很早就离异了,尽管有祖辈的娇惯与宠爱,但孩子还是会存在心理上的失衡。心理失衡严重削弱人的感觉统合能力。

针对斌斌的这一情况,我们主要从以下这几方面入手:

1.通过一些简单的器具,以游戏的形式来训练斌斌的运动协调能力,让他学会以恰当的方式宣泄自己的负面情绪。斌斌的平衡能力很差。别看他人高马大,可一走平衡木就现原形了。从被别人搀扶到独立行走,斌斌整整花了一节课。

2.采取心理疏导和班级德育工作相结合的方法,通过鼓励和赞扬,树立斌斌的学习自信心,让他在点滴的进步中体验到成功感,从而树立起"我也能行"的自信心。斌斌的作业进步了很多,可上课的时候还经常管不住自己,经常要开小差。班主任以斌斌在作业上的进步为契机，让他当上了小队长，同时告诉他，如果他能在上课时给小朋友做一个好榜样的话，还有可能当上中队长呢。斌斌顿时睁大了眼睛，连连点头："我要当中队长！"此后，斌斌的成绩突飞猛进，成了班级小朋友羡慕的对象。令人意外的是斌斌还会提醒身边的同学抓紧时间写作业呢。

一个学期下来，斌斌暴饮暴食的现象已经基本得到控制。虽然还是爱吃肉，但不会眼馋同学盘子里的肉，每天基本上只添一次饭，而且数量减到原来的一半。大部分时间里，他能预见到自己冲动行为所带来的后果，并加以控制，摔桌子、踢椅子的现象没再发生。丑小鸭虽然还没有真正蜕变成白天鹅，但是我们在"心理魔方"中看到了他们的努力和改变。

需要注意的是：即使是正常的孩子也有可能出现感觉统合失调的现象，因为儿童的心理发展主要以感觉学习为主，感觉学习不够造成感觉统合失调很正常，尤其是现代社会很多孩子以电视电脑为伴，缺少大运动、同伴游戏及相互学习等，感觉统合失调的孩子会更多。这样的游戏课程看似有些幼稚，但确确实实能给学生以帮助、给家长以希望。

对于"心理魔方"课程，我们希望下面两个方面能做得更好：

1. 时间密度上的增加，进行一段时间的强化训练。我们希望，儿童感觉统合训练能一个疗程进行，适宜的次数是20次左右，一次的时间在1个小时，一星期应不少于两次，重度失调的儿童练习次数应更多一些。

2. 需要家校配合，使训练更为生活化。这样的游戏和训练是可以安排在下课后和节假日，可以随到随练。训练内容包括感觉统合训练和记忆、思维能力训练两部分。家长如果也能掌握相应的知识的话，对孩子的训练会更有效。

（俞冬华）

第二节 教师建设课程中的问题与解决之道

作为昔日一心扑在学科教学和班级管理上的教师,如今又要参与"和乐"校本课程的开发和实施,其中的困难可谓一重又一重。但为了学生的和谐发展、快乐成长,为了学校幸福园的打造,教师们直面困难,勇于开拓,终于硕果累累。这里是教师们的智慧展现,是他们的辛劳付出。

一、困难一:缺少适合的教学内容

解决之道一:重组教学内容

1. 教师姓名:夏权

课程名称:数学乐天地

课程所属系列:学而乐

适用年级:一年级

遇到的困难与解决之道:本课程的开发是基于现在使用的沪教版教材,是基于教材的合适性拓展,又区别于奥数等数学思维训练活动。因此在教材开发初期,很容易把数学拓展点关注到超前学习知识和提前学习数学思想方法上面,会造成学生过于抽象的学习数学。解决这个困难的方法是:在课程资源选择上的思考,在教材资源的基础上,结合学生日常生活的情境,开发和利用生活中的学习资源去丰富学生的视野,让学生在熟悉的情境中体会到数学与生活的紧密联系,而不是在虚构的情境中学习。教学目标不宜高标,每个孩子都能参与思维活动,只要他们能表述自己的思维过程和想法,乐于去理解与解释数学现象,逐步体会其中隐藏的数学思想方法。

2. 教师姓名:汤红

课程名称:欢乐 ABC

课程所属系列:"学而乐"系列

适用年级:二年级学生

遇到的困难与解决之道:困难是课程的选择。"快乐ABC(二年级)"课程并没有统一的教材可供参考,所以在开课前期一直很困惑。后来,想到和同事们一起商讨这个问题,大家在一起交流彼此的看法。因为是二年级的学生,所以英语的内容不能太过深奥,要适合二年级学生的特点,总结出几个要点:简单、有趣、快乐,于是大家决定选择"迪士尼英语"作为教材主题。这个教材主要以视频为主,视频内包括英语语言点的学习等。通过实践,确实也达到了预期的目的。

校本课程中运用电子书包

3. 教师姓名:徐启慧

课程名称:迪士尼英语

课程所属系列:"学而乐"系列

适用年级:三年级

遇到的困难与解决之道:本课程主要依托"迪士尼英语"的视频材料,视频虽然细分为各个不同的主题,但有的内容还比较零散,有的内容难度超出了三年级学生的认知水平。一开始备课时比较困扰,经过思考后,我们将材料顺序和内容进行了重组。保留了与学生课本内容有联系的主题,并进行了适当拓展,学生学习的热情较高。

解决之道二:对内加强学习

1. 教师姓名:张晓云

课程名称:古诗鉴赏

课程所属系列:"学而乐"系列

适用年级:三四年级

遇到的困难与解决之道:困难主要有三,一是没有教材;二是缺少时间;三是缺乏具体操作步骤。针对以上问题,首先是加强自身学习,利用课余时间和双休日,学习相关的课程理论和具体的操作方法;然后选择中年级学生座谈交流,了解他们的古诗基础和兴趣爱好,并大量涉猎唐诗和宋诗,选择耳熟能详又适合中年段学生学习的古诗,并在网上搜索相关的古诗动画和古诗故事。

2. 教师姓名:黄凌云

课程名称:我会说

课程所属系列:"学而乐"系列

适用年级:一二年级

遇到的困难与解决之道:困难主要是缺乏合适的有梯度的教材。针对这一问题,首先是关注低年级学生的说话水平,了解他们说话时存在的问题。其次要加强自身学习,并利用课余时间和双休日,寻找各类素材,积累各种资料,学习相关的授课方式。最后,更重要的是寻找合适的能激发学生说话兴趣的说话内容和学习方式,引导学生喜欢说话,乐意说话。

3. 教师姓名:陈跃

课程名称:快乐数学

课程所属系列:"学而乐"系列

适用年级:一年级

遇到的困难与解决之道:在编写教材时,能用的参考资料比较少。由于教材中需要大量的素材,在网上找参考资料比较少,要找到合适的资料就好比大海捞针。解决之道:一是到图书馆去查找资料。每次到图书馆,以对应的关键字进行搜寻。二是寻找其他版本的材料做参考。寻找其他版本教材中相对应的内容,将内容进行创造性地使用。

解决之道三:向外寻求帮助

1. 教师姓名:季丹丹

课程名称:诗歌朗诵

课程所属系列:"学而乐"系列

适用年级:三年级

遇到的困难与解决之道:如何选择适合孩子们朗诵的诗歌是我在课程实施

过程中碰到的一个困难。刚开始,我会从网上搜集一些课文中出现过的作家的作品,让小朋友阅读。可是,这并不能满足学生的需求。后来,我又从其他老师那里看到有比较适合三年级学生日常朗诵的教材。于是,我就从网上订购了这本教材。每次课上,我就会从中选择其中的一两篇让孩子们朗诵。

2. 教师姓名:胡宝莲

课程名称:我爱背古诗

课程所属系列:"学而乐"系列

适用年级:三年级

遇到的困难与解决之道:这项课程贯穿一个学期,在拓展课上进行。初期,因为找不到适合的教材使得课程的系统性不够。很快,在家长的帮助下,我打印了一套完整的古诗教材。资源来自《教材全解》三年级第一学期每一课前的古诗补充。这既拓展了古诗的阅读量,又通过补充的古诗,对课文的深入学习有了一定帮助。

3. 教师姓名:赵燕燕

课程名称:赏读票证　爱我中华

课程所属系列:"我和你"系列

适用年级:全校学生

遇到的困难与解决之道:困难主要是教材比较枯燥,而且缺少具体的教学内容。针对以上问题,首先我们聘请了专家来校为我们解读教材,统一认识;二是组织年级组长、骨干教师结合各年段学生实际,确定教学目标及课程内容,课程目标从学生发展需要、教师专业提升、学校特色形成三方面制定,内容分五个年段进行;三是要求教师加强自身学习,利用课余时间和双休日,学习相关的课程理论和具体的操作方法。

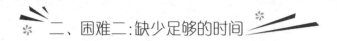

二、困难二:缺少足够的时间

解决之道:整体策划巧用时

1. 教师姓名:张引

课程名称:"民主精神代代传"暨五年级毕业典礼主题教育活动

所属系列:"我和你"系列

适用年级:一至五年级

授毕业证书

遇到的困难与解决之道：这项课程是贯穿于一学期的，牵涉到的人员较多，因此给过程中的沟通、反馈带来一定的困难，尤其是时间上的保障。为解决这一问题，在学期初校长室就牵头做整体策划，以年级组长、学科主任为核心，具体分工到人，每月定期至少沟通反馈一次，不包括随机性的。实施下来，效果不错。

2. 教师姓名：何妹

课程名称：英语欣赏

课程所属系列："学而乐"系列

适用年级：中高年级

遇到的困难与解决之道：困难主要有二：一是缺少教材，二是缺少时间。针对以上问题，首先是对学生进行座谈交流，了解他们的英语基础水平、学生感兴趣的内容、学生的英语运用水平等；其次利用课余时间和双休日，在网上搜索耳熟能详又适合中高年段学生学习的英语故事视频和文本资料。

3. 教师姓名：乔慧

课程名称：校本武术

课程所属系列："学而乐"系列

适用年级：二至五年级

遇到的困难与解决之道：在课程开发与实施中遇到了一个训练时间的困难，武术需要大量的时间来练习，而现在我们就缺少时间，影响到了孩子们的练习成果，不过好在有学生和家长的支持，我能利用和放学的时间来克服这个困难。

自编武术操

三、困难三：如何让每个人都快乐有效学习

解决之道一：找准教学切入点

1. 教师姓名：丁丁

课程名称：英语口语

课程所属系列："学而乐"系列

适用年级：三年级

遇到的困难与解决之道："英语口语"这门课程的范围比较广，如何根据学生的学情和兴趣爱好，找准切入点，提高学生对英语的学习兴趣非常重要。因此，本课程针对学生对于英语动画这一题材的广泛关注和喜爱，结合"迪斯尼英语"这一生动活泼的英语动画题材为主教材，让学生在观看动画影片的过程中学习影片中的儿歌、歌曲和一些常用短语，提高学生对英语学习的兴趣，在潜移默化中提升学生的英语口头表达能力。

2. 教师姓名：张亚艺

课程名称：小学英语欣赏

课程所属系列："学而乐"系列

适用年级：中高年级

遇到的困难与解决之道：一是课程教材的选择。英语欣赏这门课程没有现成的教材，主要靠上课的老师根据本年级学生的认知水平自行安排，因此对本年级学生的认识和分析必须要到位和科学。二是"英语欣赏"课程的范围太广，英语作为一门语言，丰富多样，如何结合学生的实际情况，找准切入点很重要。在分析了学情之后，将小学阶段的英语语法作为切入点，将枯燥无味的英语语法融入每次课堂，让学生发现文法之美，克服学习语法的困难，以此达到欣赏英语的目的。

解决之道二：循序渐进有提升

1. 教师姓名：王琼

课程名称：硬笔书法

课程所属系列："我和你"系列

适用年级：一年级

遇到的困难与解决之道：一年级学生的握笔姿势、书写姿势是写好字的重中之重。通过课堂中的练习，使学生养成良好的书写习惯，掌握写字的技巧和基本规律。对于一年级的学生而言，能把字写得正确有一定的困难，所以每次在示范书写时做到一笔一画细细讲解，在此基础上再要求他们把字写得端正、整齐、美观。

2. 教师姓名：何彩霞

课程名称：童话剧场

课程所属系列："学而乐"系列

适用年级：低年级

课本剧表演

遇到的困难与解决之道：如何在童话趣味教学中指导学生学会大胆想象，

自己编童话？克服方法:通过各种方式降低难度、放缓坡度。(1)借助实物编童话。如在教学《文具盒里的争吵》,请学生拿出自己的文具一人扮演多个角色进行童话改编,进行自编、自演、自评。(2)以小组为单位合作编童话、表演童话,这样做也有助于缓解学生紧张不安的情绪。如在教学《小羊过桥》时,可以把学生分成小组自编自演,然后集体上台汇报成果,请其他小组评价。(3)从当众朗读起步。当众表达的第一步,可以从学生当众大声朗读开始。因为朗读比独自表演童话容易,学生不需要思考说什么和怎样说,只要照着文章读就可以了。当众朗读可以锻炼学生当众说话的胆量,帮助学生克服害怕当众说话的心理障碍。逐渐地,可以让学生当众朗读自己编的童话,然后过渡到当众表达自己的思想。(4)转变评价的角度,以鼓励为主,重在激励学生敢于大胆想象,有当众表演的勇气。

3. 教师姓名:耿蔚蔚

课程名称:小岗位上显身手

课程所属系列:"我和你"系列

适用年级:二年级

遇到的困难与解决之道:面对第一次岗位轮换时,许多学生都挑选一些比较轻松的岗位,如图书管理员、纪律监督员等,而教室保洁员、黑板保洁员等服务类的岗位却没有人挑选。管理岗做得兴致勃勃,而服务岗总是虎头蛇尾、草草了事。我作为班主任看到学生呈现出这样的状况,决定通过放大班级生活的点滴小事,让学生自主发现那些不起眼的岗位——桌椅小管家、节电员等在班级中起到的不可忽视的作用。学生们了解了不同岗位的特别之处,同时开始发现自己岗位的重要性,也更加认真地做好自己的岗位工作。

解决之道三:团结协作互帮助

1. 教师姓名:陆洲

课程名称:课本剧

课程所属系列:"学而乐"系列

适用年级:中高年级

遇到的困难与解决之道:课本剧的编写和表演,最大的困难就是指导学生编写出精彩的课本剧的剧本。好的剧本是表演的前提,而学生的组织表达能力又参差不齐。在最初的两次编写后,我改变了让每个人都编写的方法,改成分组编写,由组长策划选择改编的文章,再由笔头表达能力好的同学主编,其他同学协助,共同出谋划策。然后在组内选择自己喜欢的角色,主动参与表演,争取做到人人参与课本剧的编写和表演。

2. 教师姓名:何轶慧

课程名称:英语口语

课程所属系列:"学而乐"系列

适用年级:三年级

遇到的困难与解决之道:由于课程开发与实施过程中所涉及的学生口语层次参差不齐,发现有的孩子对于这门口语课其实是不合适的,因为他们的英语知识储备不够,英语学科比较薄弱,本身对于英语学科也不太感兴趣,也就谈不上提高。也有一些孩子比较优秀,对于英语很感兴趣,开始感觉老师很难实施课程,后来我采用一对一,互帮互助的方法,这样学习能力强的孩子不仅得到了知识上的提升,还增强了自信。而学习能力偏弱的孩子由于一对一的个别辅导,提高较快。

3. 教师姓名:周艺

课程名称:童声合唱

课程所属系列:"我和你"系列

适用年级:二至五年级

遇到的困难与解决之道:由于年龄的关系,学生之间的差异比较大。主要表现在识谱、视唱、节奏等方面。低年级的孩子在音乐课堂中所学的乐理知识不多,有时跟不上训练的速度,往往在训练中,老师要占用大量的时间进行乐理的教授,由此给训练带来了比较大的困难。于是,利用大家教大家的方法,采用老队员带新队员,高年级带低年级,师傅带徒弟等方式,让训练中的难点花少时间来解决。

4. 教师姓名:孙鹰

课程名称:儿童版画

课程所属系列:"学而乐"系列

适用年级:四、五年级

遇到的困难与解决之道:首先,设计符合学生实际的教学内容需要花费很多时间,只能利用双休日的时间做准备;其次,课堂上会出现不喜欢这门学科的学生也凑数参加,他们往往基础较弱,又不主动参与制作,还会影响其他的学生。在这样的情况下,我把学生分成几个学习小组,那些问题学生就会分散到各个小组,参与简单的剪、贴等,不会制版也可以用其他学生的版印制,也得到了体验活动的机会。

解决之道四:走出教室寻发展

1. 教师姓名:田学群

课程名称:儿童诗创作

课程所属系列:"学而乐"系列

适用年级:三年级

遇到的困难与解决之道:儿童诗的创作来源于生活,来源于大自然,用简练、生动、有趣,甚至是幽默的语言,描述自己看到的、听到的、想到的内容。问题的关键在于学生词汇量少,语言贫乏,平时关在家里和学校里的居多,表达上就存在问题,儿童诗的创作比较苍白。所以以模仿为主,模仿其他的儿童诗创作,再带出教室,走进自然,和孩子们一起来说、来写。抓住身边的小事来写,不一定拘泥于室外等。

2. 教师姓名:董倩萍

课程名称:小小主持人

课程所属系列:"学而乐"系列

适用年级:三至五年级

遇到的困难与解决之道:如何处理好文本材料学习与临场实践的关系?"小小主持人"课程设计上,主要是学习主持人的仪态、发音和应对各种场合的主持稿设计与朗诵的学习。不仅需要进行文本材料的学习,更多的是需要实践来模拟与训练,培养学生主持大型活动的能力。由于缺乏大型的场地,所以"小主持人班"与学校大队部的活动紧密联系在一起,借星期一升旗仪式主持、升旗手自我介绍、室内广播、大型活动展示主持以及毕业典礼主持等机会,给学员实际训练的机会,克服了实践不足的困难。

第三节　"和乐"校本课程建设中的教师培养

教师是教育的第一资源和第一生产力,只有提高教师的课程意识和课程开发能力,才能较好地开发"和乐"校本课程,并实施优质的教育。"和乐"校本课程的开发对全体教师而言,既是一个挑战,又是加快提升自身素养的机遇。然而,教师的成长、成事、成才,不仅需要自己具有专业发展的态势,更需要学校提供良好的合作环境、适宜的发展空间、有力的专业支撑。华坪小学结合自身优势,对"和乐"校本课程教师队伍培养研究着眼于以下三个方面。

一、关注"和乐"文化滋养

在华坪小学,全体教师既是"和乐"文化的创造者,又是"和乐"文化的受益者。在和谐快乐的氛围中,大家心态开放、资源共享、勇于实践、乐于创新。课题研究伊始,面对听来颇有难度的"和乐"校本课程建设,教师们确实心存疑虑,也觉得无从下手。但是在进行了课题目标解读、"和乐"课程理念解读等一系列学习后,教师们意识到这一切都以"学生的快乐成长、和谐发展"为目标,又是为了提升自身的专业素养,普遍呈现出跃跃欲试的心理状态。这与多年来学校的"和乐"文化滋养密不可分。

课题研究期间,学校始终引领全校师生共同参与到"和乐"文化的内涵建设中,通过撰写交流"文化小故事"、"和乐文化"演讲等各种形式加深对校园文化的理解,进行文化的丰富和充实。"和乐"文化滋养离不开"三专"滋养:

1. 专业读书滋养:"读书研究会",假期读书、心得交流,网上发帖等。

2. 专门环境滋养:建立办公室"和乐"读书角,设立"健康空间"等。

3. 专长发展滋养:组织情趣型社团,开展"和乐"校本创品牌活动等。

现在,"和乐"文化绝不仅仅是局限于校园内的只适用教师或者学生的局部文化,而是具有了教育文化、教育文明以及教育创新的三个性质。因为"和乐"文化一旦建成,就不是静止的而是动态的。它首先作用于教师个体,进而影响于教师群体;继而作用于学生,进而影响于家长;在家长受到影响的基础上就会作用于社会。从这层结构关系来说,"和乐"文化就在以学校为轴心的建设过程中输出的将是教育文化,在传播过程中成为一种教育文明,对社会文明起一种积极的推进作用;在师、生、家庭、社会的互动、推动中形成相互作用,还会产生一种教育创新的新动力。这种新动力在"和乐"校本课程的建构中又呈现出很强劲的力量。

从发展眼光看,学校在社会上全面发挥教育的文化价值,促进人的进步,尤其是教师的进步。教师的教育情怀进一步提升,生命自觉进一步加强,这也为全体教师参与"和乐"校本课程奠定了良好的现实基础。"和乐"文化的形态已完全转化为教师的内在气质和高尚教养,不仅影响教师自身,而且影响他们所到之处或者影响着周围的人。

二、依托"和乐"校本研修

主动发展,不仅是时代赋予教师职业的内在价值,更是教师在学校文化氛围中被释放的活力和潜能。因此,在课题实施中,我们开展了基于常态又相对聚焦的"和乐"校本研修,提升教师的素质,尤其是课程开发和实施的能力。我们将已经形成传统的"大家教大家"的专业学习培训"聚焦校本课程",通过互相欣赏校本课程设计方案、自主对口听拓展课、结伴自设研讨以及每年一次的"三格杯"(初级教师"求入格"、一级教师"争上格"、骨干教师"展风格")教学竞赛"校本课程"专场,使校本课程的开发和实施成为"大家教大家"的学习互动交流,让教师更清晰地认识自己、发现自己,真正"取长补短",显现自身发展的坡度性前进。

每个教研组每月进行"和乐"校本课程的开发和实施交流,学校则每学期进行一次相关交流,总结经验、小结问题,并和教师们一起商议对策。在发现教师们在"和乐"校本课程的开发能力上存在较大的差异后,各教研组积极应对,结合各组现状采用有效的措施。我们把校本课程开发骨干与其他教师的正向差距视为积极的动力,创造了三类研修模式——以教研组为单位的"定类研讨"、"定人研讨"、"定伴研讨"、"定向研讨"等灵活有效的"合作课程开发"模式;以

"学术委员会"负责、骨干教师领衔的"重点课程开发研究";以非行政"专业社群"和校园博客为载体的"校本课程话题研讨"。

"和乐"校本研修离不开"三强"推进：

强化中介推进——通过"每月考评"，以教师课程开发中的困难点与生长点为中介，全程推进；

强化质量监控——通过"质量预警"、"课堂视导"、"学生反馈"等，形成"和乐"校本课程的质量管理网络；

强化研修交流——通过课程开发中的重点问题与"前沿话题"研讨，帮助教师提高课程开发和实施能力。

这些做法让教师在校本课程开发和实施方面拥有更多的话语权、自主权，在参与课题研究的同时，不断地提高自我，超越自我。

三、培养"和乐"阳光群体

优秀的学校文化，就群体而言，是一面引领航向的旗帜，一个引发智慧的强力磁场；就个人而言，一旦内化到心灵中就能够转化为一个个美好形象，形成鲜明的个性风格和人格魅力。这群体与个体一旦整合、优化，就是一种教育特色和品牌。在"和乐"校本课程开发的教师队伍培养中，我们着重培养"和乐"阳光群体。

我们大胆改革了以往那种"宝塔尖"式的教师奖励制度，摒弃了使大多数平凡、勤恳、个性不同的教师成为"被淘汰者"的考评筛选方式，创建了"阳光教师"命名制度：

"三级六阶"的命名形式——阳光教师与星光教师（有特色的骨干）、剑兰教师与绿叶教师（脱颖而出、善于合作的教师）、新荷教师与蓓蕾教师（主动学习、追求进步的新进教师）；

"阳光五气"的教师形象——言行举止体现出正气（人格高尚）、大气（开放合作）、底气（自觉学习）、灵气（实践创新）、生气（和谐发展）；

"四个突出"的评价原则——评价标准突出重点，评价程序突出公正，评价方法突出导向，评价结果突出期待。

这样的评价，既是对教师工作成绩的肯定、问题的诊断，更是对教师发展方向的引领，更能体现"人人有光环与台阶，都有自信与追求"的特色效果。

　　我们之所以把"优秀教师"定名为"阳光教师",那是因为优秀教师都是拥有高尚的道德、健康的心理、透明的心灵、积极的人生态度的人,对学生具有阳光般的"温暖、光明、希望"的人格魅力。我们希望学校拥有更多这样的优秀教师。之所以创设这个培养机制,为的是让所有教师看到发展的光明前景,明确自己的发展方向,了解自己所处在的发展台阶,实现自己的发展愿望,然后大家齐心协力,共同建设好"和乐"校本课程,共同建设一个"优质学校"。

第五章
"和乐"校本课程建设与办学成效

第一节 架构起较为完整的"和乐"校本课程体系

"创建和谐发展、百姓满意的绿色学校,培养健康主动、快乐成长的现代新人",在这一办学目标的指引下,华坪小学将课程体系建设列入学校发展规划,由校长直接领导,学校"课程教学部"和"学生工作部"负责,在原有的基础上,经过两年的努力,逐渐开发出"学而乐"系列38门学科拓展课程和"我和你"系列32个年级主题活动,架构起较为完整的"和乐"校本课程体系。

一、有效整合原有的特色课程

教师们根据"课程目标"和"意图描述",结合两大系列课程的基本框架,把原有的一些特色课程,如中华传统美德教育与绿色教育、科技教育、生命教育等,有机整合,形成符合学生发展需求、富有特色和时代气息的"和乐"校本课程。开发者在项目促动下,自主撰写《课程纲要》,对课程开发的目标和意图有比较清晰的描述,内容也作了相对科学合理的规划。

如"精彩十分"校本课程纲要中:

课程目标:了解学校的历史,爱校爱集体,增强学校荣誉感和主人翁精神;了解并感悟学校生活中的人与事,互助友爱、和谐进取,促进自身的健康主动成长;了解国家的历史、当前大事、社会热点,更加明理,明确责任,树立理想与社会责任感。

意图描述:短短10分钟,包含无限精彩。学校的办学传统、精神文化等通过图文、展览、视频、讲解等多种形式,让一届届华坪孩子知晓、感受、体悟,精神得以熏陶,从而内化为自身行为特质。

小小一课堂,却有无限延伸。校内生活引导、环境启迪、品质培育、榜样激励乃至是非探讨,让孩子们在绿色校园中快乐成长;校外时事教育、热点题材讨论、社会活动参与等让孩子们在良好生态中增长能力；身边的爸爸妈妈、平凡但不普通的校友、社区的"小人物大情怀"、教师的亦师亦友等都是孩子的学习资源，让孩子体验社会、感受美好、激发情感、积蓄力量……

课程之所以取名"精彩十分"，意即 10 分钟的时间中蕴含着许多精彩内容，乃至其中的精华与积淀，可以为学生成长、成就精彩人生的奠基。

还如，校本课程"赏读票证　爱我中华"的开发，改变了传统品德教育方式，成为一条德育探索的新途径。课程以全国各地的景点门票为载体，运用多种形式，让学生主动参与，在情境模拟中体验对祖国大好河山的热爱，使原本比较枯燥的教育内容变得生动有趣起来，而且能够进一步激发孩子爱国主义精神，树立崇高远大的志向，为其终身发展打下坚实的思想基础。形式多样的活动丰富了学生的情感体验：红领巾广播介绍学生自己搜集的票证知识或故事，向同学们宣扬爱国精神、长征精神、航天精神等；由学生参与布置的橱窗、板报，图文并茂，大力宣传和弘扬民族精神，刊登民族历史、文化事例，推介新时代的典型人物、光辉榜样等。

再如，出于对一年级新生适应症的考虑，我们设计了"小幼衔接"校本课程，口号为"手拉手，真快乐，齐合作，共进步"。新生在家里的时候没有伙伴，到学校以后，找到一起成长的伙伴了，让学生有归宿感，并在一起学习和成长中感到快乐。一年级学生入学的最初 4 周，安排 16—20 课时进行拓展型课程和探究型课程，其中 4—6 课时用于校本课程"我和你"系列中——"温馨一家"课程与活动的教学与组织，主要目标是让来自不同地域、家庭、幼儿园的新生尽快消除陌生感和不适应感，融入新的班级大家庭，争做漂亮神气的小学生。

二、成功纳入自主合作的主题活动

为了系统构建"和乐"校本课程，华坪小学将自主合作的学生主题活动纳入"和乐"校本课程的建设中，搭设学生成长阶梯。主题活动的目的、内容和形式，都听取学生意见，围绕学生的成长需求，而不是班主任的单方面决定。活动的策划与主持，都让孩子全程参与，锻炼真正的才干；活动成效，也让他们用儿童的眼光和思维进行评价，提升创新能力。子课题"基于学生生命成长的年级主题教育系列研究"，学生成长组以此为引领，尊重学生成长过程中的各年段的身心差异,通过阶段调查,设计和谐快乐的"成长阶梯"系列,培育生命成长的全程综合意识。

如,一年级学生初进校园,对小学生活充满好奇,没有良好习惯,我们便设计了"培养习惯,融入集体"的主题教育活动;二年级学生开始有合作的愿望,但缺乏合作的方法,便以"快乐合作 共同成长"为主题;三年级学生有对知识的追求,但自我控制和自我管理能力不强,比较适合"聪明管理,体验成功"的主题;四年级学生情感发展丰富,往往不善于理解和宽容他人,需要强化"互相欣赏,懂得感恩"的教育;五年级学生向往新的学习生活,但又留恋母校,不会自主规划,我们便鼓励他们"自主设计,放飞理想"。这样的设计使得整个五年的小学生活好似一段精彩的旅程,孩子们在这里相携相伴、自由生息,享受和体验着每一个年龄段所不同的成长"和乐"。

又如,我们的校园节日很多,科技节、读书节、体育节、艺术节、亲子节、毕业典礼等校本庆典,我们以班级、小组为单位积极投入,学生兴趣盎然,团队意识强烈,主动取长补短,参与水平一次比一次高……对节日活动研究,形成学生活动类系列课程,体现了专题化、多样化和互动化特点。如"各年级学生实践活动课程"为学生提供了"丰富选择,提升优势,个性发展"的体验活动和优质学习资源。"成长阶梯"主题活动课程和"各年级学生实践活动课程"都是"我和你"活动课程的补充,学生在丰富多彩、规范有序的系列活动中,进一步了解知识,知晓人际交往准则,体验融入集体的幸福,感受参与社会活动的快乐。

科技节开幕式

各年级学生实践活动课程

年　级	第一学期	第二学期
一年级	认识新校园(学校科技长廊)	欢乐午间一起玩科学(南北校园)
二年级	体验健康生活(江川科技馆)	少儿低碳环保宣传活动(社会广场)
三年级	粒粒皆辛苦(曼克顿面包公司)	我的天地我做主(青少年活动中心)
四年级	我们的母亲河(黄浦江入海口)	独立生活日(青少年活动实践基地)
五年级	9. 22无车日宣传(社会广场)	体验高雅艺术(青少年活动中心)

三、逐步形成相应的校园隐性课程

"和乐"校本课程在建构过程中,学校还注重与之相应的校园隐形课程的建设,逐渐形成了研究计划以外的校园隐性课程系列。华坪小学南校园与北校园均以绿色科技为特色,北校园偏向火热童趣,以形象墙上的"蒲公英"为象征;南校园偏向理性思辨,以形象墙上的"智慧树"为代表。校园橱窗中、走廊楼道里,目之所及,均是师生作品,有文字——"学习格言"、"幸福感悟"等;有图画——"我最得意的作品"、"七巧板创意作品"等,师生走到哪里,都可以快乐学习、快乐观赏,仿佛生活在幸福的艺苑中。

童趣北校园

雨水循环之微型水景观

　　最具特色的是南校园的校园环境建设,它的设计与实施校本课程"水文化"相辅相成:校门口的水幕墙、水池和水车中的水源来自校园的"雨水循环收集利用系统",动力来源于校园太阳能水电站。利用雨水搜集系统,每次中等以上规模的降水都能收集到 15 吨以上的清洁雨水。学校安装了 4000 瓦太阳能电站,确保系统循环运作。这些循环水不仅满足水池中的景观用水,而且能将收集到的操场与屋顶雨水,用于校园灌溉和卫生间冲洗。仅这一项测算,学校每月用水比原来节约 30%。

学生徜徉于科技长廊

　　南校园教学大楼底楼,有以反映"长江水系"为主题的巨幅中国地形图,配有灯光显示和语音解说,让学生在快乐轻松中自主投入学习。一楼的整个楼面约有 250 平方米,设置有"水科技"探索长廊、水教育实验室、能源教育实验室、展示陈列厅等。长廊中设有丰富多彩的"水科学""水故事"等介绍栏目,以及可以让学生动手实践的科普装置。实验室共有五个,分别是水教育实验室、两个活动室、能源教育实验室和常规的自然实验室。就在不久前,我们的特色探索长廊和特色试验室经过申报答辩,被评为"上海市创新试验室"。南校园的"水学校"建设与北校园原有的风力发电、太阳能感应式照明等绿色教育行动一起,把全体学生引向探究神奇的科学殿堂。

"和乐"校本课程的显性课程和隐性课程,在潜移默化中激发了孩子们的兴趣,孕育着创新意识的萌发,实践能力的增强,孩子们在美好的"和乐"校园中不断感悟、体验、生成与创造。

第二节　学生和谐发展,快乐成长

"和乐"校本课程的学习,学生最大的收获是学会学习、开心学习、高效学习,学会合作、学会做人、学会做事,阳光自信,健康幸福地成长。

一、乐于参与、合作与分享

结合学生的兴趣和需求,华坪小学开发了"和乐"校本课程课题研究,营造了"和乐"的育人环境,让学生在轻松愉悦的状态中学习探究、参与活动、收获体验,学生学习兴趣和参与活动的积极性进一步得到激发。随着"和乐"校本课程的开发研究的深入,学习内容的丰富和完善,课堂教学过程从封闭转向开放、从沉闷转为活跃;课堂上师生、生生的思维碰撞、情感交融,学习兴趣更加浓厚,参与意识愈加强烈,学生乐于在自主学习中发现问题、探究知识。83.5%的学生不仅在课堂上投入学习,在课后还继续拓展学习内容;79.2%的学生不仅乐于和同伴分享学习收获,而且主动与家长交流,要求父母参与到自己的学习或研究中。学校的系列活动课程中,学生尽情投入,人人是活动的主人,他们积极主动参与活动的组织与调整,和教师共同修改活动课程,并将幸福的理念带回去影响自己的家人。

如一年级的"快乐课间"校本课程,根据学生在课间活动中的问题,教师借助课间游戏,利用好课间10分钟的时间,引导孩子们力求放松心情、快乐健身。另让孩子回家与爸爸妈妈一起收集、创编游戏,再来学校与五年级大哥哥大姐姐一起练习,采用这种方式,使学生"玩有所得"、"玩有所成"、"玩有所乐"。在课堂上,各个小组交流所学的游戏,让学生掌握游戏的方法和规则;并在交流中解决游戏中遇到的问题,感知规则的重要性;学会文明游戏,体验文明带来的快乐。安全、健康、文明的课间小游戏是一种无形的教育,将最纯粹的欢乐带给孩子们,还给孩子们本该拥有的天真烂漫的童年。同时,结合"大手牵小手"的活动,在活动中愉悦身心,健康成长。"快乐课间"校本课程虽然为期较短,但是,带给学生规则意识的强化、游戏中快乐公平竞争的体验,也使学生乐于积极长投入于游戏的创编。

二、自主学习能力大面积提高

"和乐"校本课程的开发与实施,优化了教师的教学行为,提升了学生的自主学习能力。日常活动中,无论课堂还是课余,大部分学生的学习能力都有明显提高,阅读、讨论、练习、交流、制作、实验等能力逐渐形成和发展起来。高年级学生当中,77.6%的能自主设计学习目标,运用适合自己的学习方法完成初步的自学,并能就学习中遇到的困难,进行记录、分析、交流、调查探究、信息查找等一系列活动。

课题研究还促使学生思维品质的提高。在学生心中,学习被赋予了越来越丰富的内涵,从"学到知识",到"学会生存"、"学会关心",再到"学会做事"、"学会共同生活"、"学会发展",学习的外延也得到了大部分学生的认同。

随着教师教学行为的改进,学生思维品质不断完善,师生关系更为民主和谐。学生的自主意识也大大增强,在学习中能正确地认识自己的优缺点,通过目标设置,自我调控学习进度,选择学习方法,经常保持健康的心理状态,养成良好的行为习惯。学生还呈现出思想开放、勇于创新、积极向上的活力。他们努力参与具有竞争性、实践性、创造性的学习活动,体验成功的喜悦,承受失败的痛苦,心理素质大大提高。这为学生将来适应社会主动参与竞争打下基础。得到家长与社区的赞赏,外校教师一进学校,也能感受到孩子们的成长和对学校生活的热爱。

三、综合能力和幸福指数大幅度提升

"和乐"校本课程的构建从学生的兴趣和发展需求出发,内容更为丰富、形式更为多元、评价更富激励性,所以大部分学生乐于参加学习。在活动中,学生能运用科学的学习策略去独立地获取、加工和利用信息,并能针对学习中呈现的问题进行独立分析、独立或合作解决。

如在校本课程"课本剧"的学习，学生自主选择故事，编排剧本，从剧本改编到角色认领，从文本解读到动作演绎，都全身心投入，激发出无限创意。通过这个活动，学生体验角色、体验关系、体验规则，他们的角色关系、规则意识进一步加强，他们的阅读理解、交流表达、合作协调等方面的能力在不知不觉中提升。其他的校本课程也是让孩子在充满兴趣的状态下，丰富体验，增加毅力，获得自信。如校本课程"水文化"的学习，更多的学生体现出良好的自主学习能力、问题解决能力、实验能力和创造等综合能力。95.2%的学员能自主设计探究目标，能运用适合自己的探究方法，完成初步的学习和调查，并就遇到的困难展开一系列活动，采取切实可行的办法来解决。

"和乐"校本课程的实施，学生的幸福感由物质层面深入到精神世界。在课题研究前，更多的幸福来自于物质的满足或者视听的愉悦，随着课题的研究，越来越多的学生感受到一种源于精神的幸福。"绿色和乐"的校园环境建设及温馨班级的营造，让学生感到受尊重、得温暖的幸福；"学而乐"系列让学生体验到付出辛劳超越自我的幸福；"我和你"系列让学生在参与集体活动中感受到大家庭的温情、团队的力量……这一切，均提升着他们的幸福指数，使他们更加懂得幸福来之不易，需要艰辛付出，更加珍惜所拥有的，快乐地投入到有益活动中，学会自己动手，组织和协调各方面关系。活动当中，学生的任性与鲁莽性格有所改变，他们逐渐感受到与人分享的快乐，也学会了与小伙伴协商沟通，有时也乐于妥协，作出必要的退让，因而也更容易融入团队，享受集体的温暖。

幸福园中快乐的孩子

第五章 『和乐』校市课程建设与办学成效

教师见证学生的成长

"和乐"校本课程建设系列活动中,华坪小学教师见证了学生的成长,为学生的一次次成功而喝彩。在"全国青少年科技创新大赛"、"上海市英特尔青少年科技创新大赛"、"翔星杯"市青少年创新能力展示活动投石车比赛、市青少年科普英语竞赛、市中小学生课本剧汇演、市少先队知识竞赛、市"龙凤小骄子"比赛、市现场演讲比赛、区中小学职校武术比赛、区小学生趣味体育游戏比赛、区艺术比赛等各类活动中,学生都有出色表现,屡获佳绩,获区以上等级奖的有上千人次。

"学而乐"系列课程学习收获

在学习"学而乐"系列课程中,学生个个收获满满。一年级的"快乐数学",通过探索算法多样化,拓宽了数学思维。由于少了进度的限制,每个学生可以独立思考,解决问题,体现自己个性,学生个性受到了尊重。

中高年级的"小学英语欣赏",课程设置的出发点和立足点就是为了帮助学生学习"英语",学会"语法"。经过一个学期的学习,参加的学生首先对英语语法有了兴趣,都想了解英语语言的基本规律,是如何根据语法要求构成句子,组成一篇篇优美的小文章。于是,学生也能将文章中的语法知识点,一一解答和阐述,细化成课堂中已学的语法规则,触类旁通,举一反三。

"缩龙成寸——小学篆刻",最受四五年级欢迎。学生从开始的"雕刻"步入到"篆刻"的意识中,对篆刻热爱程度逐步加深:从总是忘带刀石到刀石不离身;从没时间刻习到经常向教师请教;从只认识简体字到认识许多繁体字、缪篆体字等;从出勤率的90%到100%;从自己不爱买书、石到外出时总会买几本书或石头回来让大家共同欣赏;从一个人刻习到带动身边的人喜欢……篆刻也使学生思想更加集中。整节篆刻课35分钟,讲话的学生少了,学生自己刻习时,只听到石头的爆裂声,纸头的沙沙声。通过半年的篆刻学习,据其他教师反映,个别平时注意力不集中的学生,听课认真专心时间明显延长,学习成绩在稳步前进。

为中年级学生开设的"心理魔方"课,通过参与这门课程的学习,学生的学习积极性大大提升。参与心理魔方课程的学生,在学习上都有许多因素影响,但是在活动过程中,很多孩子表现出积极上进的愿望。他们也很容易满足,只要给予一点点的肯定,他们会露出灿烂的笑脸。这些学生,可能因为学习进度跟不上,接受知识慢一点,他们有时便会比较沉默,失去信心。这要求我们还需要和任课教师们一同努力,对这样的孩子放慢进度,首先了解他们的最近发展区,然后步子小一些,关心多一些,相信他们一定能够获得长足的进步。

"我和你"系列课程学习收获

在"我和你"系列课程中,学习"赏读票证 爱我中华",学生通过对各类门票上的锦绣河山、各类博物馆、纪念馆、历史遗迹等的了解,视觉上的冲击产生思想上的共鸣,心灵上也受到了极大震动。每周一次的时事报道,学生们都很喜欢,积极搜罗社会新闻,并且发表自己的看法,懂得一个国家的强盛要靠我们这一代人的努力。全校学生的责任意识、爱国情感、民族自尊心和自信心都在潜移默化中不知不觉增强了。

"经典诵读"课程中,四五年级的学生通过学习名人常识、名篇赏析,对他们有了更深的了解,且更深刻地感受到了祖国语言文字的魅力,从而对学习语文产生了更浓厚的兴趣。积极的学习态度必然会产生高效课堂,促进学习成绩的提高。

"小岗位上显身手"活动中,二年级的小岗位建设,让学生积极参与班级管理,体验不同角色,培养管理才能;通过发挥自己特长,为班集体争光的实践,树立集体荣誉感,发现自己可以从不同方面为集体争光,有了自己努力方向,这样学生自身价值在班集体中得到体现,发现自己"原来真行",学生的自信心得到增强。

第五章 『和乐』校本课程建设与办学成效

第三节 教师和谐融通,快乐成功

在华坪小学,"和乐"校本课程的建设,让每位教师感受到了整个学校和谐、快乐的氛围。教师们认同学校课程建设理念,在课程建设中挥洒智慧和汗水,换来了累累硕果,也收获了自身的专业发展。

一、教学中心发生转移,以人为本面向学生

以前,教师更多的是关注教材知识,而忽视了学生思维的灵活性、学习的主动性。两年的课题研究,96.3%的教师在备课环节就开始充分关注学生的发展需求、能力基点,在课堂教学中更是注重情景创设、学习方法的指导。教师不再单纯是教材知识的讲授者,而成为学生学习的帮助者、组织者,学生发展的引领者;教师在课堂教学中,不再仅仅关注自己是否讲得明白,学生是否听懂,而是通过学习情境的创设,看是否激发了学生的学习动机,培养了学习兴趣,使学生形成良好的学习习惯。生动有趣的生活情境、丰富多彩的教学活动、意味深长的人生启迪,有利于学生学习能力很快提升,学习效率大大提高。

和乐课堂

让我们听一听直接参与课程研究的这些教师的心声：

"通过课程建设，我认为我更加关注学生的需求了。哪些诗歌学生乐意去读，诗歌内容对学生会有哪些正面的启示？现在教学过程中，应该如何激发学生热爱朗诵？我应该怎样进行评价，是关注过程性的积累、过程中的表现，还是以最后一次的考查为主？从选择课程的教材，到课标的落实，再到最后的评价，我都尽量从为了学生的学，为了学生的成长这个方面进行思考着。""诗歌朗诵"课程建设者季丹丹老师总结说。

陆洲老师说："以前，我常常觉得孩子们的能力有限，总担心他们这个干不好，那个也干不好，因此，总喜欢事必躬亲。课程中课本剧的编写和表演，原先我只是为了更好地完成教学目标，但在真正的编写和表演实施过程中，孩子们给了我很大的震撼，我时刻感受到孩子们的创造能力，开始对孩子们有了新的认识。他们的思维活跃，感情丰富，他们对课本剧的痴迷和投入，反让我反思自己的教学，如何提升学生的学习兴趣，成了我关注的重点。"

在"快乐数学"的课堂上，李丹老师开始尝试多给学生一些独立自主的时间，探索适时而适度地寻找到学生思维的提升度。"我总是害怕他们想不到，总是提示提示再提示，从来没有想过，其实经过一段时间的思考，也许他们能回答，并不需要我过多地提示。"李丹老师经过反复的课堂实践，得出了验证，她认为，教师并不需要讲太多，更多的时间需要留给学生们，让他们自己思考。同时，多倾听学生的发言，不要打断他们，让他们把自己的想法完全表达出来，不因为他的回答不对就立即否定，或者不让他说下去。

"和乐"校本课程建设，促使教师改变以往教学以知识的传授为主，转移到"以人为本"，以学生为中心。教师们不再追求学生掌握了多少知识，而注重学生的主动参与性、思维活跃性；关注在师生交流互动中，思维碰撞、情感交融；关注在新旧知识的联系中，发现问题、探究新知。

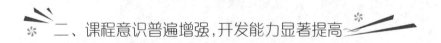

二、课程意识普遍增强，开发能力显著提高

以前，大多教师认为课程开发是专家们的事，自己是望尘莫及。在教育教学中，他们更多地把目光放在现有教材知识上，忽视了教育资源开发；关注学生知识获得，忽视了学生的发展需求。两年的课题研究，94.2%的教师

在授课前,开始对教育资源的二度开发、和原有资源的整合、社会资源的运用,并在课程实施中注重情景创设,根据学生的发展需求、能力基点,给予适当的学法指导。现在的课堂正在走向开放,教育资源也更加多元,教师们课程意识普遍增强了,主动参与到课程开发的建设中来。除主动开发和利用教科书之外的课程资源,还在教学中有意识地去关注课堂上的意外,关注师生互动、生生互动生成的宝贵资源,并有所选择地与自己的教学预设结合起来,为我所用,推进教学。

张引老师说:"在课程建设中,我觉得收获最大的是,有效提升了自身对课程的整合设计能力。"她在课程的设计过程中,能整合活动主题,始终根据学生身心发展的需求,围绕一个鲜明的主题——"民族精神代代相传",将学校方方面面的工作有机地纳入到这一主题活动之中,既整合了各类教育资源,与"两纲"、学校传统、特色、时事教育等有机融合,又真实地再现了学校各年段学生日常学习生活的鲜活场景,使主题教育活动的作用、价值得以最大发挥,真实地再现了学校各年段学生日常学习生活的鲜活场景。而这个主题具有一定的广度、深度和序列性,为学生的主动、健康、可持续发展提供一种开放的、可持续发展的空间。在这期间,学生从中获得了身心的愉悦、情感的升华,收获了真实的体验、经验和感悟。"通过这门课程的设计、实施,我变得大气与深沉。无论开展什么工作,都能站在一定的高度去策划,去思考,去反思,去重建。"这是张引老师的收获,更多华坪小学教师同样受益匪浅。

幸福园中的阳光教师

课程建设促进教师角色转变。新形势下的教师不仅要专且要多能,"专"要让师生在你的领域"问不倒","能"要多方位辅导身边的孩子,让他们在有限的时间内学得更多。沈国伟老师不仅是一位体育教师,能上课、训练,在提高学生身体素质的同时培养运动员,他还是一名书法篆刻教师,无论实践、理论都有一点基础,能指导这方面有兴趣有潜力的学生。他在参与"缩龙成寸——小学篆刻"课程建设后,渐渐地由单一教学型教师向教学、课程建设结合型教师转变。教师的角色,不再单纯是教材知识的讲授者,而成为课程开发的使者,成为学生发展的引路人。

根据学情,有效设计文本,有效设计课堂教学,这是教师们在参与"和乐"课程建设中感受最多的。如何建设好这一门课程,帮助学生搭设平台,这给教师提出了许多挑战。尝试在教学中揣摩学生的学习心理,了解学生的想法,有效整合教学资源,进行改编和转变,这一切促使教师从单一教学型教师向教学、课程建设结合型教师的角色转变。教师课程开发能力有了质的飞跃。

三、教学能力不断提升,教学特色逐步形成

"和乐"校本课程的建设,促使了教师课堂教学能力不断提升。

自从执教二到四年级的"舞动旋律"这门课后,尤丹丹老师在舞蹈专业术语的表述上更加规范了,之前她给学生指导身体方位的时候,只能告诉他们往左转一些或往右转一些,觉得这样表述方位学生不是很明确。后来查阅了相关资料,她才知道原来舞蹈者身体的方位有专业名称。身体方向总共有八点,身体的正前方为一点,随后每转 45 度就是下一个点,往后教师只用说五点方向,学生就知道要向后转了。通过一次次的学习和排练,学生的配合越来越默契,学习效果显著提高。

董倩萍老师在"小小主持人"课程教学中,她的教学新思路是,放手让学生去自主学习。"以往的语文课堂上,我总是生怕学生漏了一个知识点,生怕某个教学环节没有讲解到位。在这门课程的建设中,我更多的是让学生自己去发掘知识,发现学生眼光的独特性,与学生一起进步。例如,设计毕业典礼主持稿,学生会加入一些发生在他们中间的小趣事,来串联节目。这从教师角度是很难想到的。学生自己设计富有创意的稿件,自己主持起来才更有滋味。"说到课程教学,董老师十分欣喜和动情。

在课程建设的开发与实施过程中,教师教学能力不断提升,更多的教师开始了。由一般教师向特色教师的转变过程。张晓云老师在对三四年级学生开设"古诗鉴赏"课后,已经形成自己的教学特色。她深有体会地说:"以前我的课

堂教学比较局限于国家课程,即完成语文课本的教学任务,即便执教拓展课,也是比较随意地找些内容完成常规工作,相对显得被动;但是,在参与课程建设的过程中,发现自己似乎有了一定的特色和风格。课堂人文气息比较浓厚,从课堂语言到教学内容,都不觉地偏向于诗意和文趣,孩子们对历史故事、对联、谚语、古诗名句的积累也比较丰富,对文学阅读的交流也是兴致盎然。"

董倩萍老师也有如此的转变。传统的语文教学基础扎实,但过于严谨,难能与学生亲近。"小小主持人"课程中,她的教学语言幽默,教态亲切随和,有时候在课堂上她坐在学生中间,与学生相互交流,共同学习。在学生的笑声中享受到教学的乐趣,增强了语言表达能力,可谓是教学相长。

四、教育观念得以更新,学习热情空前高涨

通过开发课程的实践,教师的教育观念有了更新。在对学生参与校本课程的过程中,更注重学生的主动参与性、情感愉悦性和思维活跃度,评价学生更趋多元性、人文性。日常教学中,大部分教师对学生的表现总是以赞赏、鼓励为主,学生的每一点进步,都会及时给予赞赏;面对学生的独特想法与创新之处,教师们会赞叹不已、热情鼓励;对于学习有困难的学生,教师们都会有针对性地耐心教育,积极引导,努力挖掘他们学习中的闪光点,并不失时机地有针对性地给予表扬,激励他们增添学习的勇气。

中层合影

教师更新了观念,放弃知识拥有者的权威身份。现在,92.3%的教师在课堂上能够放弃知识拥有者的权威身份,能够民主平等地参与到学生的学习生活中,在教学活动中也能够尊重每一位学生,显示学生做人的尊严和价值;照顾学生的个性、学生之间的个体差异,尊重学生的个性,不用统一的标准和规格来评价所有的学生。并且,学生始终处于被激励的气氛之中,他们充分感到学习的愉快,求知欲和学习的积极性大大提高。

教师教学行为的转变,也给课堂带来了无限生机与活力。教学行为是对教学理念生动演绎,是对学校文化最好的诠释。同时,学校干部兼具"第一责任人"与"最佳合作者"的意识,工作能力大大提升;骨干教师队伍的形成,在课堂实践与课题研究方面,屡创佳绩,连续五年在区教科研成果中荣获一等奖;学校现已拥有5位中学高级教师,4位"市名师名校长培养工程后备人选","市领军人才后备"和"市优青工程后备"各1人,还有老师担任华东师大兼职研究员,担纲主持"市科普名师工作室"、"区语文教研训基地"和"区班主任名师工作室"等,学校被评为区办学水平综合督导"A级一等",连获六届"上海市文明单位",被命名为全国"生命·实践"教育学派合作研究校。

开发"和乐"校本课程,不仅能提升教师研究学生、研究社会背景、研读教材的能力,还能提高教师的综合素质。每位教师都可以成为优秀的课程开发者。作为一线教师,参与课程建设,需要牺牲很多的休息时间,学习、搜集资料、取舍编排、总结和表达,都需要毅力,需要花费一番精力。但在这样的过程中,教师自身素质必然得到提升,无论是在理论素养、课程开发和实施执行能力上,还是在交流沟通、合作创生方面,他们每每以乐观豁达的心态投入工作,时常感到学无止境,需要不断学习和实践,适应当前教育发展的需要。

沈梅老师说:"参加'和乐'校本课程建设,让我有了课程意识和初步的统整能力。我对自己提出了更高的要求,首先要有活到老学到老的意识,不断加强学习,拓展自己的知识面,增强动手操作能力,以便有更多更广的课程可以供自己选择。其次,在深度上进一步挖掘,教一类课程精一类课程,并且做好资料的规整工作。"沈老师说出了全体教师自觉主动发展的心声。

第四节　彰显当代城市小学鲜明的"和乐"幸福特色

高举"和乐"的大旗,华坪小学"和乐"校本课程建设取得了可喜的成绩,学校架构起了较为完整的"和乐"校本课程体系,全体师生和谐融通,和谐发展,快乐成功,快乐成长。这一切更好地凸显了学校"和乐"文化办学品位,增添了华坪小学的幸福氛围,彰显当代城市小学鲜明的幸福特色。

一、"和乐"课程理念获得教师广泛认同

在华坪小学,"和乐"校本课程建设理念获得了教师们广泛的认同:

"我深刻感受到,'和乐'校本课程的内涵以及其所蕴含的意义与价值,与当前整个社会所倡导的'和谐'理念吻合同步,有很多可开拓的发展空间。我们这个课程具有很强的生命力,它不仅仅只限于校园内,可以延伸到家庭、社区、不同层面的实践基地等,而且这门课程的整合、开发、完善,会给我们带来更多的挑战,同时需要我们付出更多的创造与智慧。"这是张引——"民族精神代代传"暨五年级毕业典礼主题教育活动策划组织者之一饱含深情的话语。

"华坪小学'和乐'校本课程的可持续发展空间很大,因为它涵盖的内容相当广泛,与我们中国的传统文化与民族精神相统一,是学校继承和发扬传统文化与民族精神的真正的有效载体,值得我们好好挖掘与开发!"这是康蓉——"现代智力七巧板"课程建设者的心声。

"'和乐'校本课程的建设从学生的成长需求出发,一切为了孩子的成长、为了办学品质的提升。在参与课程过程中虽然很忙碌,但能和学生共同成长、为学校发展增光添彩,何乐而不为呢?"这是夏权——"数学乐天地"课程建设参与者发自内心的表白。

教师对学校"和乐"校本课程建设理念的理解和真切体会,带来了全校师生的高昂的热情,大家齐心协力,众志成城,致力于课程开发与实施,打造幸福的华坪、快乐的校园!

二、"和乐"育人氛围散发无限魅力

"和乐"校本课程的建设促进学生快乐和谐地发展。实践研究以学生兴趣和发展需求为出发点,本着"人人参与开发"的原则进行,围绕办学目标和办学特色,架构起较为完整的课程体系,包括校园环境建设的隐性课程系列和"我和你"、"学而乐"校园显性课程系列。同时,学校将自主合作的学生主题活动纳入"我和你"系列的建设中,设计和谐快乐的"成长阶梯"系列活动,培育生命成长的全程综合意识,营造了更加"和乐"的育人氛围。

在这些系列活动中,学生在轻松愉悦的状态中学习探究、参与活动,学习兴趣和活动的积极性进一步激发。学生交往合作、交流表达、沟通协调、解疑释惑等综合能力大幅度提升,并且逐渐养成善良淳朴、阳光自信、开放的心态和良好的行为习惯。在各级各类评比活动中他们积极参与,不畏困难,刻苦练习;在日常生活与学习中,健康主动,快乐进取。"和乐"校本课程使学生的能力个性和思维品质得到全面发展,为他们的幸福人生奠定坚实基础。

三、"和乐"文化新内涵进一步丰富和充实

"和乐"校本课程的开发建设,进一步丰富和充实了学校"和乐"文化新的内涵。校园环境中处处浸润着"和谐、和善、和美"的温馨;课堂内外洋溢着"乐群、乐学、乐创"的生机,"和乐"校园文化正逐渐发挥其特有的凝聚力与创造力。校本课程建设也为创造"和乐绿色"品牌作出贡献,全体师生都成为校园文化建设的主动参与者和真实受益者,彼此相互促进,为学校的全面发展提供保障。学校在内生长力提升的同时,不断履行"辐射引领"的社会责任,自觉承担上百次各项专题研讨及现场交流活动;承担"新基础教育"南片生态区的组长学校重担,聚集了周边十多所学校共同研究,共同提高,这进一步促进"和乐"文化的创新与繁荣。

✿ 四、"和乐"特色成为学校全面发展的持续动力

　　"和乐"校本课程的建设,是华坪小学发展历程中极为重要的璀璨亮点。它凝聚了全体师生的心,激发了教师潜在的智慧和创造能量,人人参与,全身心投入,一个新型教育、新型学校和新型教师的蓝图,正逐渐变为现实。实践研究使学校的科研氛围浓郁起来,教师科研水平日益提升,学生真正获益,"和乐"校园文化新的内涵日益丰富,鲜活而明丽。

　　2012 年,华坪小学于年初、年中、年末分三次对全体家长、学校所在社区里委以及校内教职员工发放"调查问卷",开展"金点子征集"活动,征询大家对学校办学、课程建设、师德师风等方面的意见和建议。社会、家长对学校各方面工作满意度达 96.2%,教职员工满意率达 98.5% 以上,这一切证明,学校所做的努力与行动取得了可喜的成效。"和乐"特色是学校全体师生幸福的源泉,周边社区、家长、同行们的充分肯定,成为学校全面发展的持续动力。

第六章

"和乐" 校本课程建设的
后续研究

第一节 "和乐"校本课程建设的进一步思考

诚然,我们智慧地战胜了一个又一个困难,"和乐"校本课程建设取得了可喜的成效,但也不可否认,在研究中有些深层次的问题需要进一步深入分析。

如配套教材的建设不够齐全,有些课程缺少配套的教材,每次上课前都要花时间寻找相关的材料,非常不便;有些课程的教材还比较单一,如何使教材更加丰富和系统化,也是目前亟须解决的问题;还有,在课程开发和实施过程中,每个年级涉及的同一学科的内容中,有些割裂的还没有形成系列,这也影响整体的教育效果。

又如,课程评价体系的深化问题。课程开发和实施的评价,可分为主观评价和客观评价,既评价诊断课程,修正课程的开设价值,又评价教师的实施过程和质量。虽然每门课程都有评价,但如何完善和深化评价体系,这一直还在探索之中。由于时间短、经验不足,我们对评价的研究还缺乏深度,有待于在课程改革的深入阶段继续研究,从而形成高效有序的评价体系。

还有教师工作负担过重的问题。"和乐"课程的开发和实施,工作量是巨大的。有的教师参与课程建设,手中没有现成的教材,所要教授的课程内容都要自己去挖掘。教师们都身处教学一线,时间和精力有限,这就需要他们舍弃很多休息时间去学习,去搜集资料,并将这些资料积累、梳理、重组、设计、反思、总结、归纳、整理等,进行一系列工作。当然,在这样的过程中,教师自身的专业能力和素养得到提升,但有时教师确实是感觉到"累",不过他们是"累"并快乐着。

为此,今后我们将在以下三个方面进行更为深入全面的研究与实践。

一、进一步统整与完善"和乐"课程体系,增强建设合力

"'和乐'课程应该延续,课程理念应该升华,让每一位华坪的师生感受

'和乐'的氛围,让华坪的每一位学生学得快乐,并能享受快乐学习带给自己的正能量。"教师们深有感慨,对"和乐"校本课程下一步的建设充满信心与期待。

这里,我们首先是要结合"和乐"文化的现有发展趋势,对现有课程进一步进行统整与完善,使得"学而乐"、"我和你"两大系列的课程变得更为科学、合理。同时,不断丰富课程建设资源,如高校资源、社区资源、家长资源等,实现资源多元化和资源共享……

基于"和乐"校本课程的可持续性、文化的传承性,我们还将好好挖掘与开发,更要有整体的规划、长远的计划;根据学校学生的实际情况,开设更多具有民族特色、文化含量的校本课程,使学生真正受益。

开发与实施一门经典的课程,不是靠单个教师的孤身奋战,也不是要求每位教师都必须参加。学校采取在一些学科带头人的带领下,分层次、分阶段、分任务进行建设的策略,积极组织教师参加各级新课程培训和各种教学观摩、学习参观活动,同时请专家到学校指导教育教学,使更多的教师从中受益。这样将最大限度地挖掘每位教师的兴趣点,发挥每个人最大的能量,形成最佳的团队合力,增强课程建设合力。

二、开展国家课程与地方课程的校本化实施的研究

本项课题研究,我们聚焦学校"和乐"校本课程的开发与实施。在下阶段,我们会将国家课程、地方课程校本化实施和校本课程建设作为我们的后续研究内容。因为,基础型课程力求"坚实与高效",体现出校本化与规范化;拓展型课程呈现"选择与特色",满足学生需求的多样化与生活化;探究型课程着眼于"实践与创新",培养学生合作创造能力、积极探究精神和科学研究方法。由此可见,基础型课程、拓展型课程和探究型课程彼此关联,互为整体。

在三类课程的校本化实施中,我们始终贯穿学校"和乐"理念,满足学生多样化的需求,相互呼应;强调内在联系,加强统整;坚持课堂改革,加强教学管理,减轻学生过重的课业负担。并进一步研究课程之间的横向关系和学科课程自身的纵向联系,把握学生在每一年段课程学习中的共同目标和分科目标,从而探索一条基于"人的全面发展"而产生的具有综合性、灵活性、发展性的基础

课程校本化途径。另外,面对全球化时代,我们也正在探索国际课程校本化实施的路径与方法。

✳ 三、结合学校发展性评价,进一步加强综合评价研究 ✳

课程评价是学校评价中的重要组成部分。华坪小学在"和乐"校本课程建设中,课程评价相对聚焦于课程本身、教师实施课程、学生参与课程学习的评价,与学校的区级重点课题"学校发展性自评价"的实践研究的结合度不是很紧密。

在下一阶段,我们将力求突破原有的局限,密切结合"学校发展性自评价"的实践研究,探索师生、家长多元互动评价,形成《学校综合评价手册》,激活学校所有成员的内在潜力,提高教育教学管理效率;有效改善学校师生的生存状态,促进人的主动发展。我们的目标是:通过对学校整体发展规划的制定、实施与完善等实践进行决策评价研究,构建学校发展性评价的目标体系;通过对学校重点项目的策划、执行与反馈等实践进行过程评价研究,构建学校发展性评价的流程机制;通过对学校"和乐"课程开发群体培养、考核、奖励等进行制度评价研究,构建学校发展性评价的个性制度;通过对学校"和乐班级"学生成长活动、教育、管理的效能评价研究,构建学校发展性评价的反馈模式。

未来的日子中,我们必将与上海二期课改课程紧密结合,处在完善调整、持续建构状态,坚持横向互动,让师生、家长和社会力量一起创造课程。从学生的立场改善学生学习状态,让学生更好地超越限定性学习的束缚,呈现出更有创造力的学习生态;构建一套比较规范、系统、生活化的"和乐"校本课程,促进教师专业素养的提升和学生的和谐快乐成长,推动学校的特色发展,把华坪小学建成人人向往的幸福校园。

第二节 关于校本课程建设与当代城市小学发展的思考

新课程改革的背景下,学校教育是为了每一个孩子的全面发展和个性成长。作为当代城市小学,发展的方向应该是个性发展,特色办学,以特色建设为抓手,促进学校的整体发展。校本课程建设是学校特色发展的有力抓手,它能有效地促进学校特色形成。这里主要表现为:国家课程主要关注的是基础性与统一性,追求的是共同、统一。而校本课程开发与实施主要关注差异性和选择性;国家课程建设是全国统一的,采用自上而下的方式,注重全国性课程计划和标准化的课程方案的建构,而校本课程建设则由学校、教师、学生、家长、社会人士等共同参与,注重各校的具体情况和客观差异,采用的是不断调整的方式等。

以上是教育界对当代城市小学校本课程建设的共识,而在华坪小学"和乐"校本课程开发与实施的研究中,结合教育发展的难点,我们对新时期校本课程的建设与当代城市小学的发展有了更多方面的思考。

一、校本课程建设与减负增效

国家课程的建设周期长,缺乏灵活自主性,没有也不可能充分考虑到各地方、各学校的实际,更不可能照顾到学生的背景及特点,因而不能很好地适应地方社会教育、生活发展需求的实际变化。当课程远离学生的生活、当学习成为学生必需的任务时,兴趣的缺失必然造成心理负担的加重,在被动的状态中,学习效率往往低下,事倍功半,甚至是无效的。低效的学习往往又会增加教师内心的焦躁,并通过言语行为向学生传递负面信息,流露出期望通过加班加点作弥补的情绪,这必将会增加学生的学业负担。

而校本课程建设应运而生,正是对国家课程建设所遇到的挑战做出的实用主义补缺,它是在保证国家对教育的统一基本要求的前提下,尽可能地反映社区、学校和学生的差异性,及时融进了最新的科技成果,充分考虑到教师的积极参与、学生的认知背景与需要、学校的主客观条件及其所处地区的经济与文化,以突出学校自身特色等为主要特征,为学生提供多样化可供选择的课程。这些有特色的校本课程,在一定范围内对国家课程建设的某些不足及时予以补充。

校本课程统整了各级教育主管部门的工作任务,它结合学生的兴趣和需求而开发,为学生提供了丰富的可供选择的学习内容和方式。它真正的价值不仅仅是学习内容的补充,更是学习方式的选择,是为促进学生学习方式之转变而开展的学习活动。它极大地提高了学生学习的积极性,学生必然会在兴趣盎然的氛围中学习探究、参与活动、收获体验;必然会在轻松愉悦的状态中减少心理压力,结果往往会取得事半功倍之效。

二、校本课程建设与教育评价

校本课程的开发和评价打破了传统主流评价的框框。传统的评价侧重于遴选、鉴别事物,而校本课程研究实践中的评价则是以促进和改进事物的发展为目的,评价的参与者处处以"促进发展"为核心,不断为被评价者诊断各种问题,探索改进措施,选择行动决策,促使评价对象更好地发展,与"以人为本"的科学发展观相一致。校本课程给所有的学生提供充分展示自我、凸显个性的天地,丰富的活动内容和学习方式让每一个孩子都能根据自己的兴趣和特长进行选择,教师则可以从不同的角度进行全方面评价,诸如:各类能力、个性特长、精神气质等,评价内容的多元化使得教师可以更多地挖掘学生的优点,让他们认识自我、增加自信。

评价参与者也不局限于教师,还有学生、家长、社会志愿者。在内容与形式上,既和教师已有的月评价、学期总评价相结合,又比较客观地运用定性与定量分析、自我评价与他人评价、形成性评价和终极性评价相结合的方法,体现"评价——衡量——反馈——调整"的全过程,注重评价的全面性和兼容性。教师在对学生参与校本课程的过程中,更注重学生的主动参与性、情感愉悦性和思维活跃度,评价更趋向多元性、人文性,并多以激励的方式引导学生发现问题、探究未知。

学校校本课程建构过程中,将评价结果与物质奖励、精神鼓励结合起来,体现科学简便、公开公正、激励促进的原则。评价成为学习和促进的过程,对教师和学生个体具有较强的导向、激励作用。当代城市小学在校本课程开发与实施过程中积累的教育评价方面的经验,将为整个的教育评价发展起到较大的推动作用。

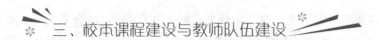

三、校本课程建设与教师队伍建设

优质的教师队伍建设是当代城市学校发展的核心。校本课程的建设为优质的教师队伍建设起着非常有力、有效的推动作用。

校本课程建设有利于教师教育观念的转变、专业素养的形成和发展。教师不再单纯是教材知识讲授者,还是课程开发的实施者、学习的引领者。他最了解学生的知识、能力和兴趣,自觉成为课程建设的一员。校本课程建设赋予了教师一定的自主权,充分调动了教师积极参与课程建设的热情,为广大教师提供了发挥创造力和大显身手的机会。

校本课程建设可以增强全体教师的课程意识,使大家认识到,学校教育的核心是课程,教育的理想与学生培养目标只有通过课程才能得以实现。在全体教师广泛认同后,才能更为积极主动地投入校本课程的建设中。只有教师领悟已实行的课程,才会跳出"应然课程",而具有"实然课程"的含义,接近课程的事实状态。教师参与课程建设本身,也是教师接受继续教育的过程,有助于提高教师的专业水平和课程意识,对实施国家课程和地方课程也有促进作用。

参与校本课程建设,教师通过不断地学习、思考与实践,自身素养、人格品质和思想境界将会有本质的提升。教师会主动开发和利用教科书之外的课程资源,充分关注教育资源的二度开发、原有资源的整合、社会资源的运用等。优秀的教师队伍由此打造而成,当代城市小学的未来将会发展得更加美好!

附录一：
"和乐" 特色课程

特色课程1："数学乐天地"中感受数学美

第一部分　教学内容：漩涡方向中的奥秘——对称思考

知识百花

　　美国科学家谢波罗在放掉洗澡水时，发现水流的漩涡方向呈"顺时针"方向，并由"顺时针"想到"逆时针"，提出了一个令人心动的猜想，并最终通过考察得以验证：北半球的漩涡都遵循顺时针方向，而南半球的漩涡都遵循逆时针方向，赤道没有漩涡。他创造性地分析了漩涡形成的原因，并提出了大气流运行的模式，给人们预防风暴灾害提供了有力的理论基础。

　　"洗澡放水"是人人都有的经历，谢波罗之所以成为科学家，并能由洗澡放水提出大气流运行的模式，就在于他比别人对周围的事物多一颗好奇心，并能够用数学的眼光去观察，用科学的方法去验证。谢波罗由"顺时针"想到"逆时针"，正是对称思维起了巨大的作用。对称不只是一种现象，它也是一种思维策略。这里说的对称，已不再是数学上的严格对称，而是一种广泛意义上的对称，是一种思想，是一种方法，一种策略。

1. $1^2 = 1$
    $11^2 = 121$
    $111^2 = 12321$
    $1111^2 = 1234321$
    $11111^2 = 123454321$
    $111111^2 = $ _____

趣味游乐

2. 请划一条直线把下面五个圆分成面积相等的两部分。

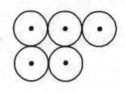

3. 将 30 颗围棋子摆成 5×6 的方阵,两人轮流从行或列中取走相连的棋子,可以拿走一整行或一整列,但不能不拿,谁拿到最后一颗棋子就算赢。

    想一想:是先拿的赢,还是后拿的赢? 为什么?

欢乐探究台

用一条长 60 米的篱笆,靠一面墙围成一个长方形的花圃。问花圃的面积最大是多少平方米?

周长一定时,围成正方形面积最大!

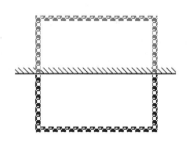

一面靠着墙，周长在变化呢。

把"墙"当镜子，照出一个对称的小花圃，两个小花圃好比合成一个大花圃，大花圃面积最大，也就可得小花圃……

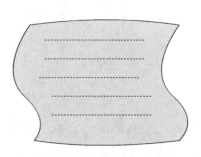

快来算一算吧。

思维星空站

1. 要在一条公路上设一个车站 P，使车站分别到 A、B 两个村庄的距离之和最短。这个车站应该设在什么地方？找一找，画一画。

附录一：『和乐』特色课程

如果这两个村庄在这条公路的两侧，该设在哪？

如果这两个村庄在这条公路的一侧呢？

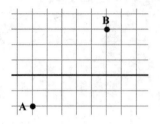

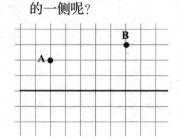

2. 如图，大正方形的边长为 10 厘米，A、B、C、D 分别是各边的中点，则中间小正方形的面积是多少？

实践畅想园

1. 上海某医院的医疗小分队，响应上海市红十字会的号召，决定赴灾区救治灾民，需要一些医院红十字（如图 b），现有一些正方形的红布料（如图 a），请同学们帮他们剪会标，如何只剪一刀就能把图 a 剪成图 b 的形状。

可进行适当折叠噢！

2. 某地板厂要制作一批正六边形形状的地砖,要求在地砖上设计的图案能把正六边形六等分(如下例),为适应市场多样化需求,你也来帮他们设计漂亮的等分图案吧。

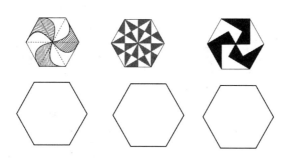

✳ 第二部分 《对称思考》教案 ✳

年　级	五年级	执教	李军	日期	2012 年 3 月 20 日
课题	漩涡方向中的奥秘——对称思考				
教学目标	1. 感受多种情境中的对称现象,体验对称思考的数学思想。 2. 尝试运用对称思想策略来解决具体问题。				
教学重点	感受和体会对称的数学思想。				
教学难点	运用对称的数学思想解决具体问题。				
教材分析	数学的拓展不是单纯的数学知识的拓展,也不是数学知识的超前学习,而是让学生对数学思想方法、数学学习的方法、数学学习的策略有所了解和体验;经历数学学习成功的喜悦,从而感受到数学的美,进一步激发学习数学的兴趣,逐步养成主动学习数学的习惯和能力。"漩涡方向中的奥秘——对称思考"这一拓展教材旨在帮助学生形成对称的数学思想,并能运用对称的数学思想,来解决生活中的数学问题和书本世界中的数学问题。借助数学拓展这一载体努力帮助和指导学生学会学习。				
年　级	五年级	执教	李军	日期	2012 年 3 月 20 日
学情分析	在平时的教学中,教师也比较注重数学思想方法、数学学习方法、数学学习策略的渗透,但有时又受教材的限制,不得不以知识的拓展为主。因此学生对数学思想方法、数学学习方法、数学学习策略的体悟还是比较欠缺,所以借助数学拓展这一载体,努力帮助和指导学生进一步去感受数学思想方法、数学学习方法、数学学习策略,以期对学生后续的学习有所帮助。				

（续表）

	教　学　过　程		
教学环节	教师活动	学生活动	设计意图
知识 百花筒	1. 师：现实生活中处处有数学，只要你去细心观察、认真思考，你就会感受到数学的无穷魅力。那就让我们从身边的生活走进数学的世界吧。 让学生观看录像并回答：你看到了什么？ 师：刚才我们从不同的视角观看了录像，有的只是观察到了表面现象，有的是用数学的眼光来观察的。漩涡让你产生了什么联想？ 2. 科学家们又是怎样来看待漩涡的呢？请自行阅读科学家的小故事——《漩涡方向中的奥秘》。 结合媒体小结：漩涡在北半球呈顺时针方向，在南半球呈逆时针方向，在赤道不动。科学家对于生活会用数学的眼光去观察，用科学的方法去验证。由"顺时针"想到"逆时针"，正是对称思维起了巨大的作用。对称不只是一种现象，它也是一种思维策略。（板书：对称思考）	学生观看录像，在相互交流中感受数学思想的魅力。	唤起学生学习的热情，感受在现实生活中处处存在着数学，处处存在着数学思想；同时激发学生探究新知的欲望。

附录一：『和乐』特色课程

（续表）

教 学 过 程			
教学环节	教师活动	学生活动	设计意图
1. 趣味游乐场 （初步感受对称的数学思想。）	师：那么就让我们一起感受对称思考的数学魅力吧。 1. 同时呈现三个情景。 问：下列的情景中,你能感受到对称吗？同桌相互说说。 （1）$1^2 = 1$ $11^2 = 121$ $111^2 = 12321$ $1111^2 = 1234321$ $11111^2 = 123454321$ （2） （3） 2. 要求：请你把你的感受与同学交流,重点关注情景(3)。追问：你是怎样思考的？ 3. 小结：在算式、剪纸、图形中我们感受到了对称现象的存在,领略了数学的美。	1. 学生相互说说。 2. 反馈交流。 题一：以中间的数字为标准,左右两边的数字是对称的。 题二：剪纸中的对称。 题三：如果再补上一个同样大小的圆,就可以使用对称的方法来解决了。	在观看媒体"漩涡方向中的奥秘"的基础上,通过学生对"趣味游乐场"的尝试,同时利用媒体演示,帮助学生初步感受对称的数学思想,为后续的再利用对称思想解决生活中的数学问题打下基础。

（续表）

教 学 过 程			
教学环节	教师活动	学生活动	设计意图
2. 思维星空站 （体验对称的数学思想。）	师：同学们，愿不愿意来接受一次思维挑战？让我们来进行快速抢答，并说说你是怎样思考的？ 1. 要在一条公路上设一个车站 P，使车站分别到 A、B 两个村庄的距离之和最短。这个车站应该设在什么地方？ （1）如果这两个村庄在这条公路的两侧，该设在哪？ （师点评：这就是运用了两点之间线段最短的道理。） （2）如果这两个村庄在这条公路的一侧呢？ 请你思考一下，尝试着画一画；媒体演示。 小结：我们运用了对称的思想。以公路为对称轴找到 A 点的对称点，线段 A_1B 与公路的交点就是车站所在位置。（$PA + PB = A_1B$） 2. 师：如果再任意取两点，车站又该设在哪里呢？谁能快速回答。 3. 小结：看来对称的思想能帮助我们解决具体的数学问题。	1. 学生快速抢答。 2. 回顾以往已经学过的知识。 （两点之间线段最短；公路的交点即为车站。） 1. 独立尝试。 2. 反馈交流。 （利用对称找到 A 点的对称点，和 B 点连成的线段与公路的交点即为车站设置的最佳位置。）	在有趣的数学题中体验数学对称思想的奥秘，同时结合已有的知识解决实际问题，进一步引发学习数学的乐趣。

（续表）

教学环节	教师活动	学生活动	设计意图
3. 欢乐探究谷（运用对称的数学思想。）	师：刚才我们运用对称思想结合已经掌握的知识解决了生活中的实际问题，还想继续研究吗？ 1. 用一条长60米的篱笆，围成一个长方形的花圃，花圃的面积最大是多少平方米？ （口答，并说明理由。） （周长一定时，围成的图形中正方形的面积最大。） 2. 现在增加一个条件： 用一条长60米的篱笆，靠一面墙围成一个长方形的花圃。问花圃的面积最大是多少平方米？ （墙） （1）师过程中指导。 预设1：用已有的路径解决—验证—解释（再一次深入理解对称的思想）。 预设2：周长一定时，正方形面积最大—周长变化时，正方形面积不是最大—转化为周长一定（利用对称的思想），得到最大面积。 （2）小结：利用对称的思想可以有效解决生活中的数学问题。	1. 口头快速交流。 2. 回顾已有的知识。 1. 学生独立思考； 2. 相互讨论交流； 3. 反馈交流。 预设： （1）60÷3＝20米， 20×20＝400平方米。 （2）60×2＝120米， 120÷4＝30米； 30×30＝900平方米； 900÷2＝450平方米。	再一次运用对称的数学思想来解决生活中的数学问题和书本世界中的数学问题，让学生更深刻地感受数学思想对于数学的魅力；更深刻地感悟、体验对称思想在数学学习中的有用；同时，学会运用对称的数学思想解决实际问题。

（续表）

教　学　过　程			
教学环节	教师活动	学生活动	设计意图
实践畅想园 （巩固对称的数学思想。）	1. 师：当然对称的思想在数学生活中有广泛的应用，我们就一起来欣赏运用对称思想设计的美丽的地砖。 （1）媒体欣赏。 （2）课后的延伸作业：请你也去运用对称的思想来设计地砖的图案。 2. 总结：的确，对称的数学思想可以帮助我们解决实际生活中的问题；数学思想在数学学习中起着非常重要的作用，我们在今后的学习中努力去探寻数学思想，享受数学的魅力。	学生课后去学习和巩固，进一步感受数学对称思想。	延伸的课外活动更有利于学生继续主动学习，以更好地形成自主学习的习惯和能力，进一步去体会数学学习中数学思想的重要性。

附录一：『和乐』特色课程

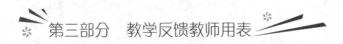

第三部分　教学反馈教师用表

2012 年3 月20 日　星期二　上午第一节　学校:华坪小学　班级:五年级　执教:李军

活动 内容	漩涡方向中的奥秘——对称思考　（1）课时
编 写 亮 点	1. 本教材的编写内容,充分与生活实际联系,由浅入深引入生活中的对称,丰富了学生对对称的理解,对于学生以后的学习,科学探究奠定了一定的基础。 　2. 充分展示了数学中的美,让学生体验了数学的价值,感受数学思想、数学策略在生活中无处不在,让学生在游戏中学习数学。 　3. 教材编写层次性强。从生活中的事情引发,回到生活中解决问题。 　4. 类型非常丰富,练习设计有层次性,教材编排的逻辑性较强。 　5. 从科学家用数学的眼光观察漩涡出发,启发学生用对称的思想去寻找一些问题的策略。 　6. 把数学思维策略、思考方法作为拓展"点"很有价值,趣味游乐场的选材很具代表性,能够让学生发现"对称"现象无处不在。 　7. 内容选择是学生熟悉的生活问题,让学生能用数学的眼光和思想看待数学问题。注重学生数学策略的培养,让学生掌握更多的数学思想、学习方法,真正学会学习。 　8. 体现学生的思考策略,注重思维能力的培养。练习设计充分体现数学学习主线——对称思考。
编写不足	1. 教材的难度有点大,趣味性还可以增强。 　2. 在实践过程中,可能因为练习设计的丰富,在过程中稍显有一些散,可在教学过程中多加入一些动手操作环节,让学生在空泛的学习过程中,更为直观地感悟对称的美。
学习状态	1. 学生思维活跃,能从多角度来看问题,通过多途径来解决问题,在教师的引导下层层深入地学习。 　2. 部分学生有探索困难,不愿举手发言。在得出解题方法后,可让学生多说一说,让他们理解解题思路,再做下一题时才会有兴趣。

（续表）

活动内容	漩涡方向中的奥秘——对称思考 （1）课时
教学或观课感受	1. 教学设计有新意,能让学生感受到对称这个策略在生活中应用以及在数学解决问题中的运用。 2. 教师态度亲切,具有很强的亲和力;课堂上学生思维活跃,教师注重培养学生的思维能力。 3. 感受到教师的教学风格非常独特,在追问中恰到好处,但可适当减少一些师生对话,多让学生进行思考。 4. 部分学生因为难度太大而放弃探索。建议教学时运用一帮几、一带几等教学手段,让所有的学生都"动"起来。课前也可让学生观察漩涡,增强兴趣。
意见建议	1. 美国科学家的小故事可以以视频形式出现。可否在整堂课中让学生动手来更直观地表现出对称? 2. 增加教材中思考方法明线,例题中加入思考方法,让学生思考时有依据,减少探索难度,而后再选择类似题型让学生举一反三。 3. 教师可以留部分时间给学生对已拓展的知识点进行巩固与练习,则效果更佳。 4. 在课堂的体系上采用同一个故事情境,也许能让学生在学习过程中多集中力量解决问题。

填表人:<u>顾燕红</u>

附录一:『和乐』特色课程

✳ 第四部分 学生反馈表 ✳

课题	漩涡方向中的奥秘——对称思考				
学习环节	学习内容	学习反馈意见 (在所选栏目下方打"√")			
知识 百花筒	谢波罗在放洗澡水时的科学发现。	兴趣	很大	较大	一般
		收获	很大	较大	一般
趣味游 乐场	你能感受到对称现象吗？ 	兴趣	很大	较大	一般
		收获	很大	较大	一般
思维星 空站	车站应该设在什么地方？ 	兴趣	很大	较大	一般
		收获	很大	较大	一般
欢乐 探究谷	用一条长60米的篱笆，一面靠墙围成一个长方形的花圃。花圃的面积最大是多少平方米？ (画一画，算一算)	兴趣	很大	较大	一般
		收获	很大	较大	一般
实践畅 想园	在地砖上设计图案，能把正六边形六等分。 	兴趣	很大	较大	一般
		收获	很大	较大	一般
想想 说说	简单谈谈你的学习体会与建议。				

2012 年 3 月 20 日

学生们反馈摘录

1. 对称轴非常有趣,生活中也会有许多数学知识。

2. 我觉得数学在生活中无处不在,对称就是一个很好的例子,数学的魅力很大,希望以后能学到更多知识。

3. 今天我学了那么数学拓展,感到很有趣,数学魅力可真大呀!

4. 通过这节课,我收获了许多知识,并学会了用对称思想解决问题。

5. 我觉得数学很奇妙。

6. 数学课十分有趣,让我学到许多知识。

7. 对称思想在数学界中很有帮助,特别是车站与围图形,使我印象很深,也给予我许多帮助,在脑子里又多了一种思想!

8. 数学在生活中无处不在,用心学习数学,便能体会到其中的奥秘。我觉得,以后学习数学时,要先认真思考,再落笔,这样会做得更好。

9. 原来生活中看似简单的现象,也有如此大的学问,数学的学问好有趣呀!

10. 生活中少不了对称,对称的作用真是不小啊! 它可帮助我们解决很多难题,我爱对称!

11. 我觉得这些题目很有趣。

12. 我知道了漩涡。

13. 我的体会是对称在生活中有着很大的作用,上了这节课我的收获很大。

14. 对称真是无处不在。

15. 原来生活中数学无处不在,里面的奥妙无穷无尽,我真喜爱数学呀!

16. 我学到了许多关于对称思考的知识。

17. 对称思想对我有很大帮助。我会在生活中多多观察。

18. 我们要向谢波罗学习,在生活中发现数学的微妙。

19. 我学习了对称思考,做题很方便。

20. 今天学了很多知识,我很高兴。

21. 我们要好好学习数学,掌握数学奥秘。

22. 我想今天我学到了很多。

23. 对称在生活中十分常见,它可以帮助我们更加简易地获得答案,不需费心思去揣摩。

24. 上完课后,我发现生活中的数学无处不在,对称在生活里时常都能看到。

26. 通过学习对称思考,我了解到了许多的知识。

27. 生活中的对称图形好多呀!

28. 我认为对称思考可以帮助我们更好地学习数学。让数学变得很有趣。

29. 通过学习,我发现原来数学这么神奇,我收获了许多新的知识。

30. 上了这堂课,我的收获非常大,让我对数学有了更多的了解。

31. 今天收获了很多,学会了用数学眼光看生活,明白了对称思想。

32. 对称思考非常奇妙,我们需要探索和思考。

33. 在生活中我们会遇到许多对称的东西,我们很乐意学习。

34. 对称是一种非常有趣的数学思考方法,让我们收获了许多。

第五部分　教师教后反思

在实践中不断更新数学拓展型课程教学的理念

说到拓展，以往的理解局限于数学知识的拓展，甚至是数学知识的超前学习。在参加了数学拓展型课程的研发和实践后逐渐清晰：数学拓展课应该注重培养学生的学习兴趣，帮助和指导学生进一步感受数学思想方法、数学学习方法、数学学习策略，为他们后续的学习奠定基础。

一个学年以来，我在数学拓展型课程的研发过程中，依据现行的教材探究可以拓展的知识点，结合上网查找相应的数学知识、数学常识、数学故事等资料，开发成教材。由于是在现行教材的基础上加以研发，因此第一轮的教材总体感觉是关注数学知识的加深、数学知识的超前，甚至是竞赛型的数学知识居多。实践下来，学生普遍感觉太难了。于是，我不断地去了解学生的数学学习需求，不断加以修改，加以调整，让教材适合学生的年龄特征。主要的改变有：培养和提高数学学习兴趣；关注数学常识、数学故事、数学历史；注重数学思维品质、数学思想方法、数学学习方法等的培养。当然，教材是否适合于学生，必须经过课堂实践加以验证。

以下是我对《对称思考》一课实践的思考。

就本节课而言，以下几方面还是体现得不错的：

1. 从目标定位来看，还是准确的。在课的推进过程中也是重在渗透"对称思考"的思维方式，从趣味游乐场——思维星空站——欢乐探究谷——实践畅想园，各个环节都比较重视体验、感悟、运用"对称思考"的思维策略。从学生的反映情况来看，初步达到了预期的目标。

2. 从内容的选择上来说，考虑到学生的实际情况，进行了教学内容的筛选，环节的安排上遵从循序渐进的原则，因此学生的学习兴趣还是很强，学习效果不错。

3. 从学习过程来看，学生还是体现出了愿学、乐学的态度。当然，还有部分学生感觉有点难度。这提醒我们教师，数学拓展课也要关注全体同学，让每一位同学都能得到收获。

值得思考的地方：

1. 虽然是数学拓展课，但在班级授课制下，对学困生怎样处理？听之任之，还是像传统的数学课一样进行有目的的分层教学？

2. 教材内容的选择上是否还要进一步讲究，以更有利于全班学生参与到学习中来？

3. 教学的过程中，如何做到数学思想和数学解决之道的有机统一？

当然，数学拓展型课程的研发和实践不是一朝一夕就能完成的，必须经过"研发——实践——调整——再实践——再调整——推广"的过程，唯有这样，才会适合学生，真正有利于所有学生的提高。

（李军）

特色课程2："水文化"探究自然与社会

水文化教材之二

水文化教材之一

第一部分 "水文化"课程教学大纲

一、教学目的

"水文化"课程是华坪小学具有特色的"和乐"校本课程。它兼具拓展型课程和探究型课程的性质。本课程主要以水文化为主线，以水环境保护为核心，以长江水学校的水文化研究为课程背景，以古今中外有关水的环境、现象、状况为对象，着重探究水环境污染、利用、保护等涉及人类生存的重大问题，从而培养学生保护水环境从我做起、从现在做起的高尚品质，让学生学会思考、学会学习、学会合作，拥有创新精神和实践能力。

二、内容提要

"水文化"课程，以长江流域的水环境为重点，主要简介了我国博大精深的水文化的历史渊源、内涵外延和与水环境相关的内容；通过一系列的具体史实，向学生展示了我国水文化的发展情况和我国当前所面临的水环境保护和水环境污染治理的紧迫性和重要性;还通过一系列有趣的小实验来了解水的一些特性及水体的理化检测与保护等。

三、课程作用

水环境问题已经成为全球人类共同面对的严重挑战。世界上绝大多数生态环境问题都与水环境被污染直接相关。因此,通过对"水文化"课程的学习,将使学生了解当代水环境问题,熟悉和掌握有关污染物在水环境中迁移、转化规律的基本知识,使学生能够积极投身于水环境的保护和实践中去。

四、教学的具体要求

1. 基本理论知识

通过本课程的理论知识学习,使学生对水之源、水之患、水之利、水之美和水环境污染、水环境保护等知识和问题有个基本的了解;使学生能够深刻理解水在人类社会发展中所起到的无可替代的重要作用;认识到良好的水环境与人类生存、万物生存及人类的文明密切相关;明确保护好良好水环境的目标、原则、方法及具体内容和重要性;认识做好此项工作对于改善人类生存环境、发展经济的重要意义。

2. 基本方法

通过本课程的学习,使学生能够掌握水文化的较为具体的理论知识;掌握宣传保护良好水环境的一些行之有效的方法;通过对有关水环境保护、治理等方面的参观学习活动,开阔眼界,增长更多的知识;通过学校所建立的水环境保护、治理、利用的实验装置及实践活动,进一步提高其对保护水环境和充分循环利用水资源的能力。

五、教学要求

1. 在教学过程中,要求学生掌握有关水的基本知识、水环境的保护和利用等,最贴近他们生活的一些基本方法和基本技能。

2. 充分利用现代化的教学手段,尽可能地采用一些多媒体的教学手段,将知识传授、案例教学和实践技能教学互相结合起来。

3. 本课程以课堂教学为主、多种教学方式相结合、强调实践性教学环节(充分利用学校的雨水收集和循环利用装置)作为教学特色。

4. 随堂训练,根据授课进度,结合所编"水文化"课程中所设计的知识要求,进行基本方法的训练。

5. 课后思考,每章节结束后,布置针对性和综合性的课后探究实践习题,并要求学生积极参与。

6. 实际案例分析,由教研组组织力量收集、整理相关水环境案例资料,让学生以小组为单位,根据原始资料进行探究并完成相关的分析、作出判断或提出处理意见。

7. 参观学习,由教师带领学生到本校的水循环利用实践项目去实地观摩,以增加学生对水环境保护的"真实感觉"。与社会上的相关机构合作,让学生参加社会实践活动。

六、教学效果及评价

本课程在本校一至五年级,结合班队课和探究课进行,共计约 80 课时。其中,各班每学期一个单元,每单元 4 课时(含实践与学习考察活动)。四年级每学年第一学期安排18课时进行专题教学活动。教学评价,主要是通过课堂考勤、课堂交流、讨论、小论文、社会实践等进行。

附录一:「和乐」特色课程

第二部分 "水文化"课程教材目录

第一单元 识水篇——神奇奥秘的水之源

一、水的奥秘

1. 哇！好漂亮的星球

2. 了不起的一滴水

3. 水的特性和本领

4. 喜好循环旅行的水

二、水的神韵

1. 万物之源、生命之源

2. 人与水

三、江河探源

1. 三江源

2. 长江源

3. 黄河源

4. 澜沧江源

5. 珠江源

6. 太湖源

7. 嘉陵江源

8. 太湖源

9. 黄浦江源

四、江河流域——人类文明的摇篮

（一）黄河流域文明

1. 半坡氏族（黄河上游）

2. 大汶口文化遗址（黄河下游）

（二）长江流域文明

1. 三星堆、金沙遗址（长江上游）

2. 良渚、河姆渡文化（长江下游）

五、水的家族

1. 云和雾

2. 多姿多彩的雪

3. 雨凇、雾凇和冰挂

4. 霜

5. 雪山冰川

6. 溪流

7. 水泡泡

8. 露珠

9. 瀑布

10. 雨水

11. 泉水

12. 井水

13. 湛蓝的大海

第二单元　知水篇：水之患与水之利

一、三大生态系统

1. 海洋

2. 森林——地球的肺

3. 湿地——地球的肾

二、危害严重的水患

（一）黄河水患

　　　黄河泛滥

（二）长江水患

　　　1998 年长江洪灾

（三）中国水患

　　2010 年中国洪灾

（四）泥石流

三、造福人类的水之利

（一）古人的治水理水业绩

1. 大禹治水

2. 开挖大运河

3. 灵渠

4. 生态工程——都江堰

5. 新疆吐鲁番的坎儿井

（二）水的开发和利用

1. 古人利用水的精湛技术——淬火

2. 加工粮食的水磨和水碓

3. 灌溉农田的水车

4. 漫话自来水

5. 航运之便的水

（1）鉴真东渡

（2）郑和下西洋

（3）中国远洋运输

6. 用水新技术——微灌技术（滴灌和喷灌）

（三）现代科学治水，蓄水灌溉、发电、通航一举数得

1. 黄河三门峡、小浪底水利枢纽

2. 长江葛洲坝

3. 长江三峡大坝

4. 抽水蓄能电站——天荒坪

5. 人工天河——红旗渠

6. 南水北调中线水源工程——丹江口大坝

7. 泖泖水水电站——新中国黎明前的一盏明灯

第三单元 赞水篇：魅力无限的水之美

一、水的精神

1. 黄河大合唱

2. 长江之歌

二、水的启示

1. 孔子与水

2. 老子与水

3. 唐太宗与水

4. 诗人与水

5. 成语、格言与水

三、水的魅力

（一）民俗、民风与水

1. 水神崇拜

2. 泼水节

（二）江南水乡

1. 上有天堂下有苏杭

2. 周庄

3. 水乡绍兴

4. 枕水人家——乌镇

5. 神州第一水乡——甪直

6. 梦里水乡西塘

7. 上海青浦朱家角、金山枫泾

8. 江南水乡古镇锦溪

9. 以水构造的村庄——西递宏村

（三）意境艺术之美的江南园林

1. 苏州园林

2. 江南园林的代表

（四）国家名片——人民币上的水景

四、因水而美

（一）水的自然美

1. 瀑布

2. 彩虹

3. 钱塘江潮

4. 察哈尔盐湖

5. 钙化彩池

6. 溶洞

（二）水所孕育的美

1. 美丽的水生花卉

（1）王莲和睡莲

（2）荷花

（3）荇菜和千屈菜

（4）梭鱼草

（5）水仙

（6）香蒲和黄菖蒲

2. 漂亮的水禽

（1）天鹅

（2）企鹅

（3）鸳鸯

（4）绿头鸭和鹭鸶

（5）丹顶鹤

（6）鹈鹕

（三）水的和谐之美

1. 美酒与水

2. 名茶与水

3. 水上彩虹——千姿百态的桥

（四）水所带来的愉悦

1. 城市喷泉

2. 水上乐园

3. 海上冲浪

4. 海底世界

5. 海洋世界

6. 冰雪节

（1）冰雕

（2）雪雕

（3）滑雪运动

（4）冰上运动

（5）冰球和冰壶

7. 水上运动

（1）漂流

（2）游泳和跳水

（3）赛艇

（4）水球运动

第四单元　护水篇：创建人水融洽和谐的水环境

一、我国的水资源

1. 江、河

2. 湖泊

3. 地下水

4. 雪山、冰川

5. 水库

二、家乡的水

1. 上海的母亲河黄浦江

2. 上海历史的一面镜子苏州河

3. 造福百姓的"人工河"

三、水的污染和危机

1. 工农业污染

2. 城乡百姓居生活污染

3. 污水的处理

4. 水的危机

四、水质的检测

1. 温度的检测

2. 酸碱度的检测

3. 溶解氧的检测

五、走可持续发展的道路

1. 世界环境日

2. 哥本哈根气候大会

3. 世界水大会

4. 世界水日与中国水周

六、创建人水融洽和谐的水环境

1. 浦江水文化园

2. 学校的雨水收集实践活动

3. 节水行动

4. 水的循环利用

5. 亲水行动

6. 我们的行动和实践

第三部分　水文化班队活动教学内容提纲

年级	课题名称	课时	对应的教材章节	关注点
一年级	美丽的水星球	1	第一单元（一）	
	了不起的一滴水	1	第一单元（一）	
	水的家族1	1	第一单元（五）	
	水的家族2	1	第一单元（五）	
二年级	万物之源、生命之源	1	第一单元（二）	
	人与水	1	第一单元（二）	
	奇特的湖	1	第三单元（四）	
	美丽的水生植物	1	第三单元（四）	
三年级	黄河水患	1	第二单元（二）	
	长江水患	1	第二单元（二）	
	漂亮的水禽	1	第三单元（四）	
	水上彩虹——千姿百态的桥	1	第三单元（四）	
四年级	生态工程——都江堰	1	第二单元（三）	
	新疆吐鲁番的坎儿井	1	第二单元（三）	
	人工天河——红旗渠	1	第二单元（三）	
	水的精神	1	第三单元（一）	
五年级	老子与水、孔子与水	1	第三单元（二）	
	诗人与水、成语、格言与水	1	第三单元（二）	
	民俗、民风与水	1	第三单元（三）	
	江南水乡	1	第三单元（三）	

　　教学时间安排：每学期安排2课时，利用周一的班队课上；第一学期在11月份中安排2课时，第二学期在3月份安排2课时。

附录一：『和乐』特色课程

第四部分 "水文化"校本教材班队活动方案

方案1：

班级	三(2)	执教者	田学群	执教日期	2012 年 10 月 11 日
活动主题			各种各样的桥		
活动内容选自			"水文化"校本教材第三单元　第四章第2节		

活动目标：

　　1. 知识与技能：

　　了解桥的基本构造,各种各样特殊的桥的名称,知道中国、全世界有哪些著名的桥梁。

　　2. 过程与方法：

　　利用媒体上网寻找资料,以小组为单位,在活动课上进行介绍。可以利用假期到江浙一带的小村庄寻找一些有特色的、古色古香的小桥。

　　3. 态度、情感、价值观：

　　感受桥的不同,了解各种各样桥的作用,体验桥给人们带来的方便,懂得珍惜水源。

活动准备:(教具、学具、图书、影像资料等)

活动过程			
活动环节	教师活动	学生活动	设计意图或注意事项
揭示课题	水,孕育了桥文化,我国各种各样的桥不计其数,在世界桥梁史上有着举足轻重的地位。 　　1. 结合自己生活常识,知道上海、全国有哪些桥? 　　2. 出示PPT,屏幕上出现的桥认识吗?	学生进行交流回答。	激发学生兴趣,初步感知了解生活中有哪些桥。
认识中国的桥梁	1. 认识中国第一座集铁路、公路为一体的桥梁——武汉长江大桥。	学生以小组为单位分别从大桥的基本资料、建构特色以及幕后故事来介绍。	从认识中国第一座桥梁开始,认识到中国的桥梁的丰富多彩,明白它在世界桥梁史上的重要性。

（续表）

活动过程			
活动环节	教师活动	学生活动	设计意图或注意事项
认识中国的桥梁	2. 学习课文第161—165页,课文里介绍了哪几种桥梁?圈一圈画一画。 3. 其中你最喜欢那座桥梁,划出相关句子,说说理由。 4. 十七孔桥的桥洞为什么要建十七个桥孔呢? 5. 你知道中国的桥有多少种形式吗?	学生介绍自己喜欢的桥梁。 为古代人认为六、九都是阳数,而九是至阳的数字,十七孔桥就是取了这个意思,从桥两边走到中间都是九个孔,于是十七孔桥便以此为名。 学生汇报交流搜集的资料。	
拓展延伸	总结:我国的桥梁很具特色,这在世界上也是很罕见的,现代化大桥的出现丰富了桥的类型。 简单介绍世界上一些著名大桥。 作业:利用假期到上海周边寻找一些古色古香的小桥。	学生交流感想。	从中国的桥梁到世界的桥梁,使学生感受到桥文化之美,明白要好好保护我们的水资源。

附:板书

各种各样的桥

不计其数　　　各具特色

举足轻重

丰富的水资源孕育了中国的桥文化

附录一：『和乐』特色课程

方案 2：

第十课时　被污染的水(1)

（一）活动目的

1. 知识技能：初步了解水污染源和污染物。

2. 过程能力：能通过文字和图片资料来探究；能积极参与探究活动，认真观察事物的能力。

3. 情感态度：在探索性的学习活动中激发学生保护水资源的强烈意识。

（二）活动准备：

教师准备：水样、文字材料、教学课件等。

（三）活动过程：

1. 集中话题。

我们的生活离不开水，我们一般都需要的是干净的水，那么，怎样的水才是干净的呢？

学生交流。

通过课件，帮助学生把干净的水的特征总结出来。

2. 探究活动1——寻找水污染的问题。

（1）教师出示三杯水：黄浦江水、横泾河水、矿泉水，让学生观察比较。

（2）教师出示几张不同地区的河水照片让学生观察分析。

（3）指导学生从上面的观察中思考问题并交流。

（4）教师把学生的问题记录在黑板上并进行整理。

3. 探究活动2——水为什么会受到污染？水中的污染物有哪些？

（1）指导学生对两个问题讨论、交流。

（2）分组按照教师提供的资料进行分析、总结。

（3）指导学生进行总结，并通过课件把重要的资料呈现出来。

4. 学习小结。

通过课件展示。

5. 作业布置：根据水污染的知识，想想自己应该怎样保护水资源？

（执教者：邵益民）

第五部分 《诗人与水的格言、谚语、歇后语》教案

教学目标：

1. 通过朗读与水相关的诗歌，了解诗人对水的情感。

2. 联系自身谈谈对水的品性的认识，激发学生爱水、惜水、敬水的情感。

3. 积累关于水的成语、谚语、歇后语。

教学年级：五年级

执教者：沈梅

教学过程：

一、介绍母亲河"黄河"，体会水之雄壮、无私。

1. 出示资料：

黄河，中国第二大河，是闻名世界的万里巨川。中国古代的《山海经》、《禹贡》和《水经注》等书，皆称之为"河"。河水经黄土高原，遂成黄色，故得名"黄河"。

黄河全长 5464 千米。从源头的涓涓细流，沿途汇集了 40 多条主要支流和成千上万条溪川，形成每年平均约 480 亿立方米水量的滚滚洪流，一泻千里。它源出青海省巴颜喀拉山北麓的约古宗列盆地，由此东流，经青海、四川、甘肃、宁夏、内蒙古、山西、陕西、河南、山东 9 个省区，在山东省垦利县注入渤海。其间，有水草丰美的天然牧场，有风光雄伟的崇山峻岭，有广阔无垠的肥土沃壤，有雄浑粗犷的黄土高原，有一马平川的关中平原，有历史悠久的三大文明古都，有丰富的物产和地下宝藏。整个黄河流域，养育着 1.1 亿各族儿女。

讨论：

（1）从资料中，你了解了哪些关于黄河水的信息？

（2）你体会到黄河水具有什么品质？

二、通过两位诗人所写的两首诗歌进一步感受水的魅力。

1. 黄河是闻名世界的万里巨川，是中国第二大河，黄河水奔腾不息，无私地滋润着两岸的土地，养育了世世代代的炎黄子孙。古代歌咏黄河的诗歌很多，我们将要欣赏到的是王之涣的《凉州词》和刘禹锡的《浪淘沙》。

2. 介绍诗人:王之涣,字季凌,盛唐著名诗人,至今享有盛誉。天宝年间,与王昌龄、崔国辅、郑旷联唱迭和,名动一时。其诗用词十分朴实,然造境极为深远,令人裹身诗中,回味无穷。诗中的"欲穷千里目,更上一层楼"和"黄河远上白云间,一片孤城万仞山"都是流传千古的佳句,这两首诗都与水有关,让我们感受到水的悲壮。

3. 出示《凉州词》,体会这首诗运用浪漫主义手法,描绘了黄河的雄伟瑰丽。

4. 朗诵《浪淘沙》,了解诗人刘禹锡对水的情感。(刘禹锡生性爱水,他的多首诗歌都是与水相关。)

《浪淘沙》用白描的手法描绘了黄河水来自天边,奔腾千里的壮丽图景。诗人将黄河的源远流长突写得出神入化。

三、拓展延伸,积累关于水的成语、谚语、歇后语。

1. 出示:刘禹锡的《叹水别白二十二》

水。

至清,尽美。

从一勺,至千里。

利人利物,时行时止。

道性净皆然,交情淡如此。

君游金谷堤上,我在石渠署里。

两心相忆似流波,潺湲日夜无穷已。

探讨:水还有那些品性?

2. 出示:关于水的成语、谚语、歇后语

成语:

*水字当头的成语:

水到渠成、水落石出。

*水字在二位的成语:

饮水思源、滴水穿石。

*水字在三位的成语:

山清水秀、山高水长。

*水字在尾的成语:

如鱼得水、跋山涉水。

谚语:

滴水之恩当涌泉相报。

水至清则无鱼,人至察则无徒。

仁者乐山,智者乐水。

山不在高,有仙则名;水不在深,有龙则灵。

青,取之于蓝,而青于蓝;冰,水为之,而寒于水。

歇后语:

黄河里的水——说不清

竹篮打水——一场空

大水冲了龙王庙——一家人不认一家人

四、总结提升。

古人曾说过:"仁者乐山,智者乐水。"水是生命之源,我们不仅要爱惜它,充分地利用它,还要对它产生敬畏之情,让我们成为爱水、惜水、敬水的智者吧!

附录一:『和乐』特色课程

特色课程3:"毕业典礼"呈现快乐成长

第一部分　2011届毕业典礼设计说明

一、设计理由

"毕业典礼"已经成为华坪小学的经典活动,该项活动起始于1997年。

每个进入小学阶段学习的孩子都会面临小学毕业这么一个特殊阶段,五年级毕业对孩子来说是,对前一阶段五年小学学习生活的总结,又是进入新的成长学习阶段的起点,令每个孩子期待而又感到兴奋无比,因此,设计一个能给孩子留下深刻印象的毕业典礼,对他们来说意义重大。

毕业典礼,主要是为五年级这同一年龄段的学生提供发展空间,体现学生身心发展的客观规律,以此不断积淀他们的人生经历,增强五年级学生持续发展的内在动力与能量;同时,这一活动更要成为全体师生健康、持续、和谐发展的自然状态,成为他们终身发展的源泉与动力。

毕业典礼

二、设计思路

首先,从意义上来说,要突出活动主体——五年级学生,包括全校的师生。

在整个活动的开展中,落脚点是发挥学生、教师主体的主动性和积极性,发挥学生、教师作为活动主体应有的地位和作用上。

全体五年级毕业生和其他年段学生都将是这个过程的主角或是参与者。活动中的整体到部分,都能丰富每个年段学生的成长需求,并能形成生活,创造生活,使学生的精神生活、人格品质等得到提升,不断促进他们可持续发展的。

其次,从内容来说,是以尊重学生、教师的兴趣、爱好及成长需要为出发点,注重活动的整合性、连续性、时效性、有效性。在活动实施的准备阶段、开展的过程、总结与交流等环节都从师生已有的发展状态出发,以他们的兴趣、爱好和需求为基点。

毕业典礼以每个年段学生的发展特点、成长需求为基础,要能够引发他们对校园生活的点点滴滴的回忆,尤其是一些成长关键点的回顾,从而感悟成长的快乐,感受师生、生生间的浓浓情谊等,激发学生对未来学习生活的美好憧憬。

最后,从活动的组织形式来说,形式多样。可有个体行为的,可有小组形式的,有班级层面的,有年级层面的,也有亲子之间的,这些组织形式是参与者根据活动的难易程度、内容需要、对象等来选择确定的。

三、活动过程

1. 整合

整合活动主题——始终根据学生身心发展的需求,围绕一个鲜明的主题"民族精神代代相传",将学校方方面面的工作、活动等有机地纳入到这一所主题活动之中,而这个主题具有一定的广度、深度及序列性,能为学生的主动健康发展提供一种开放的可持续发展的空间和机会。在这期间,学生可以从中获得身心的愉悦、情感的升华,从而去获得真实的体验、经验和感悟。

整合活动内容——活动内容的确定,是从学生生活背景中、从学习过程中提取的,涉及自然、社会、文化以及学生自身方面的内容,这样,学生的所知、所得、所悟意义更宽泛。

整合蕴含的教育内容——让学生在亲历活动情景中,体验活动方法,在活动过程中形成认识,提升观念,发展能力;让每个学生在活动过程中根据活动主题的需要,完整地运用解决问题的基本方法,获得实际的认识、体验和价值生成。

2. 集中

这里的集中指的是整个的毕业典礼。就毕业典礼本身来讲,是师生、生生之间有效互动的一种真实自然状态的呈现,是主题活动中的一个过程或是一个部分,也是在日常教育渗透等基础上产生的。因此与每个阶段学生特有的成长需要相吻合,在策划之中有组织地进行,对学生的未来品行发展能起到良好的推动作用。

四、效果反馈

2011 年 7 月,闵行区华坪小学"民族精神代代传"暨 2011 届学生毕业典礼在交通大学菁菁堂隆重举行,全校师生、五年级全体家长、一至四年级家长代表和上级部门领导、街道社区代表上千人出席庆典。

整台节目精彩纷呈,串联流畅、紧密,舞台布置精致典雅,且整合了各类教育资源,并与"两纲"、学校传统、特色、时事教育等有机融合,使主题教育活动的作用、价值得以最大化发挥,整台节目串联流畅紧密,精彩纷呈,真实地再现了华小各年段学生日常学习生活的鲜活场景。

师生们精彩的节目令人难以忘怀,尤其是五年级学生每人上台领毕业证书的动人场景,及全体五年级师生用自创的诗歌深情表达对母校的感恩与对未来的无限展望的大型诗歌朗诵等,令人感动之极,使在场不少的师生、家长,流下了激动的泪水。台上台下的互动场面更是此起彼伏,令人感慨!

毕业典礼之千手观音

　　这次主题教育活动使得华坪小学创建的"和谐发展、百姓满意的绿色学校，培养健康主动、快乐成长的现代新人"这一办学理念再一次得到升华。整台活动取得了预期效果，得到了师生、家长及各界人士的高度的评价。

（张引）

附录一："和乐"特色课程

✳ 第二部分 华坪小学 2011 年毕业典礼节目安排 ✳

总负责：王叶婷 总牵头人：张引 赵燕燕

音像：陈佩康 邵益民 张杰 舞台布景：杨健萍

序号	节目内容	时间	音响	负责人
1	序幕：教师鼓乐——《龙腾虎跃》	1'20	伴奏音乐	沈国伟
2	一年级表演舞蹈《花儿朵朵》(20人)	3'25	伴奏音乐	周艺 田学群
3	二、三年级歌舞表演《红星照耀下的少年儿童》(50人)——互动	4'25	伴奏音乐	尤丹丹 马剑 俞冬华
4	四年级"红歌"联唱表演(《北京的金山上》、《学习雷锋好榜样》—互动、《在希望的田野上》)(48人)	3'	伴奏音乐	李军 马三玲 赵春华
5	女教师舞蹈《走进新时代》(12人)	3'	伴奏音乐	周艺
6	二、四年级女生表演唱《美丽阳光》(20人)	3'03	伴奏音乐	尤丹丹 马剑
7	快板串演：		话筒4个	
	1) 五年级校园"达人"亮相(28人)	1'30	背景音乐	陆敏 潘翠华
	2) 五年级王若瀛钢琴独奏《肖邦第四首》	2'30	话筒1个	陆敏 潘翠华
	快板串演：		话筒4个	
	3) 五年级男生舞蹈《洗涮涮》(20人)	2'	伴奏音乐	潘翠华
	4) 五年级女生舞蹈《快乐女生》(20人)	4'	伴奏音乐	周嫣雯
	快板串演：	2'30	话筒4个	
	5) 五年级英语歌联唱表演(11人)、吴恺伦独唱	2'30	伴奏音乐、无线1个	赵炜
	快板串演：		话筒4个	
	6) 五年级竖笛演奏(40人)	4'14	背景音乐	宋峥嵘

（续表）

序号	节目内容	时间	音响	负责人
8	校武术、区少体校联合表演（14 人）	1′43	背景音乐	乔 慧
9	授毕业证书——互动	10′	背景音乐	金慧超
10	毕业诗朗诵	10′	背景音乐、无线 1 个、话筒 4 个	宋峥嵘
11	尾声：嘉宾上场拍照留念		背景音乐	周 艺

2011 届毕业典礼工作人员

来宾接待：杨健萍、王琼、夏权、许陆敏

主持人：王琼

礼仪队员：张晓云

演员队伍：沈燕、张燕

后台导引：夏权、李骏

节目联络员：纪秀娟、金杰

音像技术：陈佩康、邵益民、张杰、陈跃

话筒摆放：张兴明、沈国伟、夏权

道具搬运：李骏、戴骏、金杰、吴桂云

服装收发：龚心敏、瞿侃菁、陈兰英、项红琴、袁正芳、胡爱惠、阮取英

化妆任务：孙鹰、徐乐、徐启慧、罗晓燕、唐群莉、康蓉、蔡国蓉

会场纪律：许陆敏、何妹、年级组长、各班班主任及搭班老师

安全保卫：保安师傅

第三部分　2011 年五年级毕业典礼主持稿

一、序曲

教师鼓乐《龙腾虎跃》

甲:欢快的歌声,缭绕在我的耳畔;

乙:雄壮的乐曲,震撼着我的心田。

丙:为了光荣的明天,把奋进的锣鼓敲响;

丁:为了祖国的腾飞,把民族的火炬相传!

甲、乙:"民族精神代代传"——

丙、丁:暨华坪小学 2011 年五年级学生毕业典礼

合:现在开始!

二、介绍来宾

甲:在这喜庆的时刻,

乙:在这欢乐的时刻,

丙:我们迎来了尊敬的客人,

丁:他们是——

三、一年级舞蹈《花儿朵朵》

甲:可敬可亲的客人们,为我们送来了关心与支持,

乙:五年的关怀,使我们精神振奋,

丙:五年的呵护,使我们信心倍增,

丁:今天,我们汲取阳光雨露;明日,将尽吐芬芳。

甲:请欣赏一年级舞蹈《花儿朵朵》。

四、二三年级口风琴表演《红星儿童团》

甲:花儿朵朵向太阳,

乙:红星闪闪放光芒,

丙:在成长的过程中,闪闪的红星始终指引我们前进!

丁:请欣赏二三年级口风琴表演《红星儿童团》。

《美丽阳光》

甲:校园生活里,每天都沐浴着阳光;

乙:快乐学习中,每刻都感受着温暖。

武术:

甲:中华武术,源远流长;

乙:武术精神,代代相传;

丙:童年的生活中,我们有幸与武术相伴,

丁:未来的生活中,我们有信心面对一切!

五、四年级红歌联唱

甲:风雷摧不垮山的脊梁,

乙:青山锁不住江水流淌,

丙:岁月带不走似水韶华!

丁:为了党的九十华诞,献上一组动人乐章!

六、课本剧《一封信的故事》

甲:亲爱的同学们,我们在"和乐"校园中快乐学习;

乙:亲爱的老师们,我们在您的培育下健康成长;

丙:难忘那件件小事,

丁:难忘那点点滴滴!

乙:请欣赏课本剧《一封信的故事》。

七、五年级男生舞蹈《洗刷刷》

丙:随着轻快的舞曲,我们迈入崭新的时代,

丁:我们憧憬,我们歌唱,一同开创辉煌的未来!

丙:请欣赏五年级男生舞蹈《洗刷刷》。

八、五年级女生竖笛演奏

甲:师长的叮咛,同学的真情,

乙:似阵阵春风,拂过我们的心田;

甲:让我们拿起竖笛,

乙:吹奏出最美好的祝福!

九、五年级英语歌曲联唱

丙:老师的眼睛,是一盏灯,引领我跨入知识的殿堂;

丁:老师的眼睛,是一扇窗,透过它我看到了世界各地的风光。

丙:请欣赏五年级英语歌曲联唱。

十、颁发毕业证书

甲:华小的花朵,是快乐的!沐浴着灿烂的阳光。

乙:华小的园丁,是幸福的!年年岁岁,瓜果满园,收获着丰收,收获着喜悦!

丙:那一张张鲜红的小学毕业证书,将伴随我们步入新的学习殿堂,

丁:那一句句殷切的叮咛,将成为我们永生的难忘。

甲:有请尊敬的校长、五年级班主任老师为五年级同学颁发毕业证书。

十一、表彰校园十大明星

甲:师长的培育,自己的努力,

乙:造就着可爱的海宝一代。

丙:华小毕业生中藏龙卧虎,群星闪耀。

丁:让我们一起来认识他们吧!

十二、毕业诗朗诵

甲:曾经,我是多么无知!不知道谁是唐宗宋祖,也不知道什么叫山花海树;

乙:曾经,我是多么怯懦,面对高山不敢抬步,森林大海不愿横渡。

丙:是您,教会我如何学习,如何做事;

丁:是您,指导我怎样在天地之间屹立。

甲:虽然,您只教我了短短的几年,但您的影响将永远延续,

丁:我的心灵,将一生向您倾诉。

丙:请听五年级学生的诗朗诵——《告别母校 扬帆远航》。

十三、女教师舞蹈《走进新时代》

甲:中华民族精神,是炎黄子孙的生命所在,

乙:生生不息,薪火相传,

丙:我们带着五千年的灿烂文明,

丁:一起进入新的时代!

教师舞蹈

十四、尾声

甲乙:"民族精神代代传"——暨华坪小学 2011 年学生毕业典礼到此结束!

（科研室、学生工作部供稿）

附录二：
"和乐"课程小故事

故事1：孩子们的"一坪绿色"

我们的学校——华坪小学环境优美,布局合理,典雅精致,独具一格,被誉为"花园学校"。大路旁,满目葱茏,书卷屏风,绿泉瀑布,一派南国风光;操场上,茵茵碧草,跑道环绕,阳光灿烂,春意盎然;花坛边,曲径通幽,静卧着一块块孩子们自己命名的"诚"石、"踏"石、"子母"石、"多眼"石,展示着一段段千秋传诵的古诗警句,妙趣横生,令人回味无穷。

高高的教学楼上,镌刻着红色醒目的六字校训:"仁爱、正直、勤奋";长长的走廊里,悬挂着名人画像、传统美德语录以及孩子们稚趣的书画,无不透射出浓浓的育人气息;"阳光小屋"、"月光廊下"、"星光亭",在这里,师生们平等沟通,快乐休闲,分享着遐想联翩的愉悦;屋顶平台上,新颖美观的风车不停地转动着,风力发电,节能环保,启迪着无数孩子的科学创造之梦。

每当旭日东升,校门口的电子屏幕就开始传递着新时代的各种信息,传播着健康向上的校园文明;每当夜幕降临,学校墙头一盏盏节能感应灯,熠熠发光,呈现出"绿色科技文化"的可持续发展理念。校门外,那整洁的步行道、舒适的木长凳、美丽的方形花坛,使家长和学生感受到一种温馨的人文关怀,让周边的居民赞叹不已。

的确,这样的美好环境来之不易!因为它蕴含着我们对现代学校文化的思考和理解,它折射出学校的办学理念和价值追求,所以它能成为孩子们生命成长中难以忘怀的美好经历,一种人生动力。然而但这样的认识并不是一蹴而就的,是我们历经了很多波折才逐渐感悟到的。

一、孩子们的"快乐成长需求"

2005年,三楼学生阅览室外平台上的"屋顶花园"终于建成了。学校专门

聘请园林公司专家精心设计,木凳、秋千、花箱,一切都显得美而不俗,玲珑精致,好一个"露天大花园"!我们赋予了它诗意的名字——"阳光小屋"。于是,但凡有人到我校参观,我们总是迫不及待领着他们到底楼欣赏"假山瀑布",再上楼观看"阳光小屋",听着客人们的啧啧称赞,我们倍感自豪。

可久而久之,觉得不对劲。学校并不是天天在接待参观者,"阳光小屋"又不能面对所有学生开放:因为是露天平台,考虑到存在着许多不安全因素,所以设立了很多限制条款,只有在大队委员开会时可以偶尔让他们进去,还有就是午休时在老师的"严加看管"下,每班轮流选拔文静规矩的孩子进去看书学习。一学期下来,据统计只有三成不到的学生去过那里,大多数学生只能羡慕地隔窗相望。于是我们冷静下来开始思考:建设美丽的校园环境究竟是为了什么?只是一种华丽的外部陈设和包装,只能让学生一饱眼福吗?

我们听取了少代会意见,在全校学生中开展"我爱校园"金点子征集活动。孩子们提议:我们需要在校园里有一处能让所有学生都可以进入,都可以尽情玩耍、快乐游戏、自由交谈的场所!是啊,校园应是所有孩子生活学习的"家园、乐园",校园文化建设不能"只见物"而"不见人"!诚然,校园文化建设就其形式而言,有其物质形态建设的一面,更多的却是其精神建构的一面。就其建设的目标定位而言,其落脚点应该关乎人的成长与发展,以学生的精神道德素质的形成与发展为根本目的。不论以什么形式呈现,其精神的内质要求和价值指向应该是学校的主体人群,其内涵的界定以及评价的标准,都应该指向师生的成长与发展。

就这样,学校有了操场上那条回归自然的"月光廊下",漂亮的木格花儿,舒适的长廊条凳,装着夜灯的棋盘桌椅,色彩鲜艳的英语角……孩子们喜欢极了,常去那儿,或静坐小憩,或欣赏美景,或促膝交谈,或快乐嬉戏,天天英语沙龙,特爱趴在棋桌上画画、做作业……

2011年4月,我们在与孩子们的座谈会中又了解到孩子们成长的新需求了!他们反映校园里仅仅有一个"月光廊下"还不够,而靠近学校西边围墙处有一小块花坛,平时少有人去欣赏,能否改建成一个能"遮风挡雨"的活动场所呢?要知道,这可是一块漂亮绿地呢,要放在以前,我们怎么会舍得"牺牲"它,造活动场地呢?

经过仔细研究,我们移走花草。一个月后,这里矗立起一个美丽的六角小亭。古朴雅趣的亭子里摆放了长椅和木儿,与东边的"月光廊下"遥相呼应,孩子们称之为"星光亭"。这里成了孩子们可以自由交谈憩息的最佳场所,常常可以听见从亭子里传来孩子们欢快的笑声!

从"阳光小屋"到"月光廊下"和"星光亭",建设它们的着眼点竟发生了如此大的转变,让我们感悟到"生命文化"其实就蕴含在校园生活的每一天、每一处。环境的变化,透射着对文化的思考,对学生成长的关注!

二、孩子们的"主动发展需求"

孩子们是成长中的人,在他们成长发展的关键阶段,学校教育要体现出对精神文化的追求、育人价值的引领和内质品位的塑造,这种推动人发展前进的力量是学校文化形成的"精髓",不仅不应该改变,还必须依赖学校的人群一代一代地继承、发展和光大! 只有这样,我们的学校文化建设才可以越来越厚重、越来越丰满!

2007 年年初,学校开展"教师的金点子征集"活动。一位教学自然的老师提出:校门口挂着"科技教育特色学校"的铜牌,就应该真正让孩子们在校园中生长出科学与创造的萌芽,鉴于我校是"全国绿色学校",当前"节能减排"又是基本国策,建议学校应在校园中大力开展能源教育。

我们采纳了这位老师的建议,又经过各方论证,得到师生们的一致认同,最终在教学大楼楼顶上建成了"风力发电机",并在升旗仪式、自然常识课、"创意小灵童"发明课上介绍、参观,师生共同进行科学实验(用风能来发电,带动校园瀑布的水泵,形成瀑布)。美好的设计一步步变为现实,风能积聚起来的电还提供给校园广播系统使用,并能点亮校园里的"感应式照明灯"和西边围墙上的"夜明珠",为小区居民出行提供了方便。

这个新景观,是一种超越环境建设意义上的文化建设,不仅体现了节约资源的绿色教育,还让学生知道大自然与人类社会的和谐,从而激发对科学的热爱,渴望成为自我发展的承担者、主动者。

"风力发电"激发了孩子们科学探索和创意的兴趣。2012 年上半年在师生们的共同努力下,学校又建成了"太阳能照明"景观,白天学生研究"太阳能"的原理知识,晚上太阳能灯把校园装点得美不胜收。

学校进而开发了"能源可持续发展教育"校本课程,成立了"能源研究学生社团",组织师生外出参观能源教育展览达 2000 人次,组织各类关于"节能减

附录二:"和乐"课程小故事

排"的师生实践活动达 20 余次,如"节能 20 行动宣传"、"更换节能照明灯家庭行动"、"9.22 无车日"等,学生参加区、市、全国竞赛屡获大奖,涌现了"能源小博士"、"节能明星"、"区科技之星"等。

本学期开学,在区政府和教育局的关心帮助下,学校的南校区正式启用。师生们正一起精心设计新校区的校园环境,把主题定位为"水学校"建设,创意探索"水资源";要建设"雨水收集系统",把收集的雨水进行循环利用,既可在校园中形成喷水景观,又可用于校内卫生间清洁;新教学楼的一楼全部作为"科学探索长廊"和"水资源研究互动实验室"等等。届时,又一轮新的"能源研究热"将席卷校园,"水文化"将渗透在孩子们校园生活的每一处每一时!

南校园科技长廊

我们完全有理由相信,在这样的学校文化熏陶下成长发展起来的孩子,长大后必将就是一个热爱社会、关心环境的优秀公民,就是孜孜不倦工作在实验室的富于社会责任感的科技工作者,就是勇于探索、挑战人类生活极限的科学家……这些孩子就是让生活更美好的建设者、探索者!

徜徉在美丽如画的校园,这里,弥漫着生命的气息,如同阳光下的一坪绿色,鲜活,自然,和谐;这里,涌动着生命的创造,如同风雨后的一坪绿色,真实,水灵,坚韧!

(王叶婷)

故事2:写字课上"囧事"二三件

此处的"写字课"在课程表上名曰:"书法课",我唤作写字课,只因自己水平低微,故一直不敢妄称自己是或者曾经是一位书法老师。

初中时,在语文老师的"逼迫"下,我坚持了三年的钢笔字练习。没想到进了师范,班里同学竟说我的字有点模样,一时来了兴趣,便照着书法老师发下的字帖,疯练四年。进了小学当上了老师,巧遇市里推行"写字等级考",做起了一位写字教师。

只有一点三脚猫功夫的我,在课中囧事连连。

囧事之一

"木字旁的字大部分与木有关,如'森林'两字,树、柏等。而灬字底的字,你们知道大部分都与什么有关系吗?"顺手挂出了"热"、"烈"、"煮"、"煎"四个字。在我的启发下,大家很快明白了,噢,原来带"灬"的字,都和火有点关系呀!正当暗自得意之时,小A举起了手:"那点字的下面为什么也是四点底呀,是不是也和火有关系呢?"

看着同学们好学并充满疑惑的眼神,我寻遍了脑海中每一个角落,也不知道,为什么"点"字也有灬。下课之前,我将此作为一个拓展任务,布置给了学生,也承诺下周的课上,一起交流这个问题。

课后我立刻请教同事,也未能从同事那儿得到答案。于是我周六来到了上海古籍书店,翻起了《汉字字源》、《古文字字典》、《汉字演变趣谈》,找到答案之后,还不舍得放下,带回家中继续咀嚼。

知道了"点"为什么是四点底,明白了"法"为什么是三点水,知道了左耳旁或右耳旁代表了不同的意思,了解了为什么诸多古帖中的"明"字都是目字旁……

与学生交流之后,多了一点点的自信,少了一些惶恐。

囧事之二

教学"横"、"折"、"钩",板书完范字,就有学生举手:"老师,'门'字的笔顺不对,我们老师不是这样教我的。"请其中一位上来书写:点、竖,再是横折钩。记忆中,好多法帖,门字都是"竖"在前,"点"在后。但既然学生把语文老师搬出来了,只好打住。让我回去再研究研究,下回分解"门"字笔顺正解。

课后,我查看了语文书和《汉字笔顺规范字典》,均如学生所述。是书圣、大师们写错了? 书法中笔画因势生形,虽未曾亲见古人落笔,但从古字朱迹透看先人书写笔顺,均与语文教材、规范字典存在差异。沿用了 2000 多年的笔顺规范,到了现在却无端改变了,至今不解。虽有一些不服,但"教材"和"规范"还是令人尊重的。

在写字教学中,囧事还时有发生,但也于其中体会到了教学相长的真正内涵。学生、毛笔、元书纸、自来水龙头伴随着我走过了几个年头。如今不做写字教师好多年,之前的开心事、囧事却还时常浮现……

仅以此只字片语纪念曾经陪伴我走过的学生和"汉字",纪念那最美好的青春年华和教育人生。

(李骏)

故事3：一封告状信

一、风波乍起

那天在办公室,学生小林神秘地塞给我一样东西,打开一看,竟是一封告状信。信中详细地叙述了学生小丁的两面派行为,并希望我能对他进行教育,信的末尾还密密麻麻地签了许多学生的姓名。

我先悄悄地进行了调查,发现信中的叙述完全属实:小丁在老师面前,表现得很好——遵守纪律,乐于助人,还经常帮老师做事;但老师不在就判若两人——幸灾乐祸,惹是生非,推卸责任,看到同学有好东西就要讨,不给就拔拳相向……所以同学们很看不惯他。小丁的好朋友还告诉我,他曾多次劝说过他,但小丁没有理睬,依然我行我素。

全班唯一没有签名的是班长,他告诉我:"老师,我也很不喜欢小丁的很多行为,但觉得这样做不是很好,怕小丁伤心。我没签名,可我也想不出什么好办法帮助他。"

说实话,当了十几年的老师,还没有碰到过这种事情。我喜忧参半,一方面感到很难过,自己的工作怎么这么疏忽? 另一方面也很开心,我班的学生已经长大了,有了鲜明的是非观念,还知道要关心帮助同学一起进步,而且这么信任我这个老师,敢讲真话。同时,我也很是烦恼,这件事必须要认真解决,但是怎样解决呢?

当时,办公室老师有两种意见:其一,直接找他个别谈话,通过批评教育,让他发现身上的不足,改正缺点;其二,召开主题班会,让学生讨论此事,帮助该生进步。

到底采取那种方法呢? 我陷入了沉思。

我在思考,教育的最终目标到底是什么? 每一种教育都会呈现出效果,但效果可以分为显性效果与隐性效果、即时效果与持续效果、个体效果与整体效果等。

第一种方法也许会促使当事人有所改变。可这样就事论事，只能帮助当事者一人，教育的效果是否单一化？如果像以往开个主题班会，让大家提意见、帮助他，也只是靠外力去催促他进步，能否真正长效？而且这次事件涉及孩子心中最敏感的区域——自尊。五年级的学生很在乎公众场合的形象，特别希望在老师心中留下好印象，如果同学们在主题班会上一味地批评帮助，也许反而会给他留下阴影，产生反感。也许，在主题班会上该生会当场认错，出现较好的显性效果，但隐性效果又会怎样？如果根本的问题没有解决，学生只能暂时呈现出变化的状态，过了一段时间又会故态复萌，不会有持续性发展。如果老师只考虑到显性效果、即时效果，而忽视隐性效果和持续效果，那么对孩子的成长是不利的。

一连几天，我都沉浸在烦恼之中，但毫无头绪。

二、剑拔弩张

那天，下课铃声响，我正准备宣布下课，一只手高高举了起来，我以为学生还有哪道题目没有弄懂，就示意他站了起来。

"老师，那封我们签名的信，你准备怎么处理？"

当时教室里鸦雀无声，全班同学的眼睛都看着我，似乎不容我有一丝一毫的拖延。我的脑海中，各种应对的方法交替闪过。

"什么信？我怎么不知道？"小丁则满是疑惑地站了起来，空气马上紧张起来。

我急中生智："哦，那是我们签名要求参加无烟日活动的信，你怎么没有签名？是不是那时正好不在？"

班长随机应变道："是的，那时他正好不在。"

大部分学生似乎也领会了我的意图，也随声附和着。

"小丁你到我办公室桌上找一找，把这张表格拿来好吗？仔细找，一定要找到。"我乘机支走了小丁。

看到小丁走出教室后，我诚恳地对学生说："老师感谢你们给我提了意见，我会处理好这封信,但老师有一个要求,希望你们不要让小丁知道。你们信中所写的事情,让我们一起想个周全有效的办法帮助小丁,好吗?"

"好的,老师你要快一点哦!"

望着孩子信任的目光,我心里突然有了主意:何不借用孩子们对小丁同学行为的高度关注这一契机,引导他们把对事情结果的期待转变为自我设计人生道路的尝试,把外在教育的推动力量内化为孩子们自身成长的需求动力? 我想先引导学生把关注小丁的目光转移到自我反省上,关注自己的日常行为;继而激发他们的自我需求,产生树立小学毕业生应有的良好形象的内在愿望;最后指导他们进行自我设计,尝试去规划自己未来学习和生活的短期蓝图。通过这样从自我反省到自我需求再到自我设计的过程,让这件事成为孩子们成长的转折点,初步体验"能自律才能自立"、"有所为才能有地位",从而在心理上更加成熟,更加努力、自觉地改正自己的缺点,以良好的形象告别母校,迎接新的学习生活。

如何在这一次教育中让小丁和全班同学都得到教育呢? 迫切需要解决的还是小丁的"两面派"问题。

首先,我回想自己的班主任教育工作,发现了一些端倪。人具有多面性,根据不同的环境和情况,有意或者无意地表现出个性的一个或者几面。一般来说,每个心理健康的孩子都是积极向上的,但由于幼小,人生观、价值观还没有成熟,他们需要成人不断的肯定或否定来确定自己言行的对错。老师总是用表扬或批评来反复提醒孩子怎么做是对的,怎么做是不对的。孩子通过观察,就会避免做讨老师批评的事情,多做老师喜欢的事情,自然就成了"好学生"。小丁就属于比较会察言观色的"机灵鬼",但是他的克制能力比较弱,让他老师在与不在一个样,他还做不到。

其次,同学们的态度也使小丁两面派行为愈演愈烈。到了五年级,他们遇到小事不再向班主任一一反映,对小丁以容忍和疏远为主,而这种容忍和疏远又使得小丁变本加厉。最后大家忍无可忍,"群起而攻之"。

通过了解我还发现,小丁的父母对他缺乏足够的耐心,把自己的意愿强加给孩子,一有问题,非打即骂,这就激起孩子的逆反心理,也使他养成了阳奉阴违的习惯,这点恐怕小丁的父母也要好好反思一下自己的教育方式。

看来只有三管齐下,才能事半功倍!

❋ 三、巧妙点化 ❋

那天放学后,我与班干部讨论了很久,最后决定组织一次特别的班会。

我们确定了与以往不同的新主题,那就是"形象设计"。

在"学会欣赏 学会做人"主题班会上,我首先用情感激发,引出学生毕业前的留恋之情:"三年前,我来到了三(3)班,认识了可爱的你们,三年的相处,我发现了你们身上有了越来越多的闪光的地方:自信、坦诚、勤奋……让老师赞赏不已。你们在一起学习的时间比老师更长,一定也比老师更能发现同伴身上的优点,在毕业前,我们来交流一下最欣赏的男生和女生。"

"我最欣赏张敏。有一天,我的裙子坏了,但我不知道,她看到后告诉我,并叫我待在教室别走动。她家离学校近,她到老师办公室打电话叫她奶奶送来了她的裙子给我换上。她乐于助人,所以我最欣赏她。"

"我最欣赏李力。有一次厕所水盆被堵住了,水都快溢了出来,我们都不能洗手了,但他不怕脏,把手伸进水盆中,把堵住的东西拿了出来……"

同学们兴致勃勃地谈论着他们心中最欣赏的男孩形象——勇敢、守信、敢负责任、宽宏大度、不阳奉阴违……最欣赏的女孩的形象——聪明、文雅、善解人意、不斤斤计较……

整个交流过程中,学生都很激动。那些被谈论到的学生更是露出了兴奋的神情,而其他暂时没有被提到名字的学生则露出期盼的目光。特别是那位"引起群体告状"的小丁,开始不以为然,似听非听,可后来忍不住也插几句话了,眼睛则左顾右盼,热切地盼望有同学提到他。

面对这种情景,我故作遗憾:"我很高兴,班级中有这么多学生受到大家的欣赏,刚才没有被点到名字的同学,难道他们身上没有值得欣赏的地方? 这样,我们把欣赏的行为写在'欣赏卡'上送给他们,好吗?"

看着周围的同学收到了一张张的"欣赏卡",小丁急得团团转,当班长按事先安排把一张"欣赏卡"交给他时,他开心得跳了起来。"我欣赏你课堂上精彩的发言,欣赏你在老师面前的一切行为,我多么希望在任何时候都能欣赏到这些美好的行为。"读着"欣赏卡",小丁开始若有所思。

接着,我让学生畅谈感受:什么样的形象最受欢迎? 为什么这样的形象最受欢迎? 你想不想或者有没有这样去做?

课堂上，依然热火朝天，孩子们你一言、我一语地互相表扬，自我对照，心情都很激动。我留意到小丁却闭上了嘴，一声不吭。要是在平时，他准会大声抢着发言的……

在课结束之前，我提出：人无完人，每个人都有长处和短处，肯定有些行为我们不欣赏，甚至讨厌，但有些同学往往没有意识到。我们能不能把那些不欣赏的行为写在纸条上，希望你们：第一做到就事论事，不要指名道姓；第二同学们看了以后，能有则改之，无则加勉。

那天，我还到小丁家里，与他的父母进行了深入的交谈，指导他们进行更有效的家庭教育，希望取得他们的支持和配合。他们带着懊恼和希望不住点头，连声道谢……

四、扬帆起航

第二天，在"我的缺点，请悄悄地告诉我"的黑板报前，贴了一张张纸条：

"那天我不小心碰到了你，我一再道歉，可你仍然不原谅我，多么希望你是个宽容大度的男孩。"

"当我考试成绩不好时，我已经很难过了，但你还来故意讽刺我、嘲笑我。你知道吗，我最想听到的是……"

小丁挤在人群中，什么都没有说，但那默默的神情已经表露，他正在痛苦地反省。而其他孩子们看着、看着，也陷入了沉思。是啊，这一张张纸条，正客观地指出自己的缺点，这一张张的纸条，更承载着同学们对自己的种种美好的期望。

我趁热打铁，又开始了"自我设计"的活动——我想给母校留下怎样的形象？请你们每个人做一个小小设计师，为自己设计最美好的形象。可以针对自己哪一点需要改进的，也提出在某方面更加努力的，让我们以最美好的形象毕业，进入新的学校，成为一个受欢迎的人。我和班委还布置了"形象大使"栏目，让学生把"自我设计"贴在评比栏里，每星期对照自我设计，进行自评。

我发现，虽然小丁在课上什么都没有说，但在"自我设计"中流露出对自己行为的反思，而全班同学也在平时的活动中开始关注自己的形象，更努力自觉地改正自己的缺点，希望以良好的形象告别母校，迎接新的学习生活。

大爱无痕，真正的教育是充满爱和思考的教育，也应该是无痕的。它是一种思想、一种情感、一种氛围,应自然而然地贯穿于班主任工作的每一点、每一滴,渗透着班级活动的每一个环节,也悄然无声地体现在班级生活的每一个细节,潜移默化地浸润着每一个学生的心灵,这样才会达到隐性、持续、整体的教育效果。

(陆敏)

故事4：找回你的笑声

一、社会背景扫描

随着经济的发展,社会结构和家庭结构也呈现多元化的现象,单亲家庭也为数不少。单亲家庭的成因不同,而且每个单亲父母本身所拥有的内外在的资源不同,所以他们在面对单亲时的感受和自我的调适也截然不同。同时,单亲父母的心理状态、生理问题、生活状况,也造成了单亲家庭子女的心理成长及教育等一系列问题,这些问题也越来越为社会学家、心理卫生学家和政府等有关方面所关注。

二、家庭情况传真

个案姓名:天天(化名)

性别:女

民族:汉

出生年月:1998年4月

天天的父母在她读幼儿园时就已经离婚,她随母亲生活。天天的妈妈是个不太独立的人,在生活中遇到问题的时候,依然会求助于天天的爸爸,经常让天天借住在爸爸家中,在和天天爸爸发生争执的时候也不避开天天,使孩子在心理上产生了很大的压力。天天的爸爸有时候把天天当做自己的私有财产,孩子住在他那里的时候不允许孩子想妈妈,一旦知道孩子给妈妈打电话,轻则打骂,重则不让她吃饭和睡觉;有时候他又把天天当做和天天妈妈斗争的工具,以伤害天天来间接地伤害天天妈妈。更为严重的是,天天的父母经常在校门口当着学生和家长的面大吵大闹,拳打脚踢,使孩子对爸爸心生恐惧,对妈妈爱恨交加。

三、指导日志实写

（一）人物实写

镜头一：天天在爸爸家住了一段时间，情绪开始低落，成绩也开始下滑，询问她有什么原因的时候，她淡淡地说，因为她跟爸爸说自己想妈妈，所以爸爸不许她吃饭和睡觉。

镜头二：天天在回教室路上远远看到爸爸在教室门口，飞一般跑回办公室，躲在桌底下。

镜头三：天天在医院里抱着妈妈的腿，求妈妈把她带回家。

镜头四：天天爸爸和妈妈在超市里、车站上恶语相加，拳脚相向。天天在一边，求爸爸告妈妈，最后胸闷气短，蜷缩在地上。

镜头五：在操场上，同学们玩得正欢，笑声传得很远，天天面无表情，默默地摇绳，默默地跳，默默地帮助别人。

（二）观察孩子问题

1. 逐渐形成双重性格，大部分时间变得孤僻、内向，少年老成。

2. 对爸爸非常恐惧，总担心爸爸会上门吵闹，或者在校门口堵他们闹事。而对妈妈又同情，又怨恨她与其他人交往。

3. 有一些自卑，看到其他同学打扮得漂亮或者买了新的东西，会很羡慕，但远远地走开。常常一个人独自发呆。

4. 学习成绩受影响，如同云霄飞车，忽上忽下，自己对学习也不太自信了。

5. 无论是面对表扬还是批评，脸上都没有笑容，即使是在和同学玩得最欢畅的时候，笑得也很苦涩。

（三）剖析问题成因

1. 爸爸对孩子期望过高。天天的爸爸离异后，工作也一直不太顺利，因此他对天天寄予厚望，希望她通过学习来改变命运。所以，孩子在学习上有一些起伏，他便会惩罚孩子。

2. 爸爸把孩子当私有财产。天天爸爸觉得，孩子的学习成绩下降，是因为孩子的妈妈对她教育不力造成的。所以他希望孩子随他生活，并且不允许孩子跟妈妈联系。一旦听到孩子说想妈妈，就认为她吃不起苦，在学习上懈怠了，在情感上与他疏远了。然后就不许天天吃饭,不许她睡觉,让她反思,以示惩戒。

3. 爸爸把孩子当成夫妻斗争的工具。天天的爸爸其实很爱她,常给她送吃的,常接送她,午休时也常来看她。但是,有时候,却把天天当作了夫妻斗争的工具。他认为当着天天的面吵架,天天妈妈就会不忍;让孩子丢脸,孩子妈妈就会让步。于是,一次次的吵闹,一次次的威吓,吓退的不是天天妈妈,而是孩子的自尊、自信和笑容。

4. 妈妈缺少独立意识。天天的妈妈性格温柔,因此孩子比较喜欢和她接近。但是,她的独立能力比较差,生活中一遇到问题就要寻求孩子爸爸的帮助。因此总是把孩子长时间放在爸爸家中,也给了孩子的爸爸有希望复婚的感觉。

5. 孩子性格双重化。孩子与妈妈和爸爸的相处方式不同,所受到的教育方式也不一样,性格逐渐出现双重化。和妈妈一起生活的时候比较轻松,性格也比较稳定;爸爸的爱比较强烈,而且占有欲强,孩子的情绪也容易受到波动,逐渐加深了孩子依赖妈妈、恐惧爸爸的情绪。

(四)学校教育主要措施和步骤

1. 多面了解,争取家庭和社区力量。首先,由班主任老师分别向父母双方以及孩子的亲属、邻居、以前的老师了解他们的家庭状况,多维度更正确地了解孩子家庭情况及造成的原因,以更好地判断、采纳父母双方的言辞。后来,还通过天天爸爸的家人、社区的街道工作人员等,给天天爸爸施加压力和影响。希望他一切以孩子的成长为出发点,不要把孩子作为私人财产和斗气工具,还孩子一个安静的学习环境和健康的心理成长环境。

2. 上门家访,争取家长先转变观念。班主任老师多次上门家访,和孩子的家长谈心,并经常取得联系,了解近况,帮助家长树立自己的生活目标和追求,让他们认识到首先要调整自己的心态,才能让孩子拥有健康的心理。

3. 校内访谈,家校紧密联系。之后,由校方领导出面,校行政领导、德育教导个别找天天爸爸妈妈谈心,又一起坐下来商讨。最后达成一致:不影响孩子的学习,不能以不让孩子上学为要挟。任课老师及学校领导一起找家长谈话,正确指导家长在家教方面的科学教育方法,端正家庭教育的观念。要求家长与学校多联系和配合,给孩子更多关心,让孩子受到正确合理的教育,健康快乐地成长。

4. 亲子阅读,加强家长和孩子的沟通。给天天的爸爸、妈妈和天天分别推荐了一些书和文章,希望他们通过个别阅读以及亲子阅读,能够改变自己的心态,加强与孩子的沟通,使孩子生活在更加愉快的环境中。

给老师的菜单

1. 多一点关心。托尔斯泰认为,把热爱教育事业和热爱学生结合起来,对学生的发展有激励价值。对于天天这样的学生,更需要老师的关心。平时,我们老师对天天就给予了更多的关注,一发现她有情绪上的变化,就侧面地了解情况,及时地给予关怀。因为考虑到她随母亲生活,我还叫上了丈夫一起去家访,从一个男性的角度给予她和母亲不一样的关怀。

2. 多一点沟通。怀着真诚的心走近孩子,走近孩子的心灵,让师生的交流变得平等,让师生的关系如同姐妹般和谐,学生才会"亲其师,信其道"。天天的内心虽然过早地建立起了对外界的防御机制,但生活的变故使得她比其他的孩子更加敏感。她虽不主动,其实很渴望别人与她沟通。于是,我通过备忘本留言、短消息、电话、作文批语等不同的形式,跟她聊聊天,说说心里话。每次,她都会如饥似渴地看,会心地微笑,然后对老师提出的要求也会努力去做。有时候,我也会找她个别谈话,了解一些近况,提出一些希望,她也总是很乐于接受并努力去做。通过各种形式的沟通,架起师生之间的心灵之桥。

3. 多一点信任。一个幸福的人,总是相信人性的美好,对人与人的交往充满信任感。在对天天的培养上,我们除了关心和爱护之外,还希望消除她内心的不安全感和自卑感。我们期望通过对她的信任来消除这些负面的影响。因为天天本身是个能力很强的孩子,在同学中有一定的威信,所以老师把很多工作都交给她去做,让她在工作中获得出色的成绩,从而树立信心。同时,在老师和同学的信任中,她也感受到了被需要,渐渐就会衍生出与人交往中的安全感,从而抵消掉一些家庭带给她的不安全感。

4. 多一点了解。对孩子的家庭状况,对孩子的心灵需求,对家庭教育的引导方法,作为老师,还是需要多一些了解。广闻博记,海纳百川,通过广泛的阅读,通过多渠道地信息获取,提升自己的工作能力。

5. 推荐给自己的书。每个月都要阅读一些教育书籍,先从《不输在家庭教育上》、《心之育》和《感动小学生的 100 篇哲理散文》开始读起,拓宽自己的视野,提升自己的修养和工作能力。

(五)改进家庭教育的方法

给天天爸爸的菜单

1. 别以为困境是别人造成的。在与天天爸爸的聊天中,有这样一种感觉,他总认为自己以前对天天妈妈很好,她不该和他离婚。同时把生活的不如意都归结为离婚。因此,对天天的妈妈是又爱又恨。我在与天天爸爸聊天的时候,发现他很爱看书,家里也有不少藏书,应该是个懂道理的人。于是,常跟他聊起不屈服命运的人物。他爸爸渐渐也觉得自己不应该总是把责任推卸到孩子妈妈的身上,婚姻的失败是双方的责任,更不能让孩子来背负这个包袱。

2. 别让期望成为孩子的负担。我和天天爸爸交流了鲁迅先生的《我们应该怎样做父亲》,其中谆谆告诫:父母对于子女,应该"健全的产生,尽力的教育,完全的解放"。对于教育子女,"倘不先行理解,一味蛮做,便大碍于孩子的发达"。天天的爸爸也认识到无论出发点多好,自己"恨铁不成钢"的情绪和惩罚还是不妥当的。作为家长,心中有期望,但要以身作则,彻底放下家长高压的架子,从小给孩子营造一个真正民主、平等、祥和的成长氛围,孩子一定也会不辜负期望的。

3. 别把孩子当私有财产。孩子不是属于某一个家长的,大而言之她属于全社会,小而言之她只属于她自己,任何人都不能独自占有她,随意支配她。我告诉天天的爸爸,不让孩子与妈妈接触,更是非常愚蠢的做法。孩子是有思想的个体,任何一个家长都不能把他们当做私有财产,随便打骂支配和分离母女的做法都是无效而适得其反的。唯一的办法就是设身处地从孩子角度考虑问题,时时事事征求并尽最大努力尊重孩子的意见,并及时给予正确的帮助引导!通过合情合理、光明正大的方式得到采纳与尊重,对孩子,尤其是对天天这样懂事的孩子,耐心和宽容远比谩骂和惩罚有效。

4. 别把孩子当斗争工具。与天天爸爸聊起热播的电视剧《双面胶》,告诉他他的行为已经把孩子推到了双面胶的境地。父母的关系倘若要靠牺牲孩子的心理健康来维系或获得转圜的余地,那也是不可靠的。而且这样一来,孩子夹在中间是很痛苦的,而天天有日渐忧郁的表现,无论是心理还是健康都受到了影响。作为父亲应该更关注孩子将来的健康发展,更不要当着孩子的面和她妈妈发生激烈的冲突,而要保持和谐,这样才能给孩子健康的心理发展提供合适的土壤。

5. 推荐阅读黎巴嫩诗人纪伯伦的一首小诗《你的孩子其实并不是你的孩子》、新闻《莫欣萌:孩子不是私有财产,而是祖国的未来》一文以及《不输在家庭教育上》。在阅读中获取精华,树立正确的教育观念。

给天天妈妈的菜单

1. 教育孩子爱中有严。我告诉天天妈妈,父母对孩子的管教态度和教育方法不同,会直接影响孩子的性格特征和心理品质。天天就是因为父母的教育方式不同,所以更加排斥父亲对他的严格要求,而她与父亲的疏远又造成了父亲对母亲的怨气,如此循环往复,孩子的情绪波动必然很大,而且不利于性格特征和心理品质的形成。

2. 给孩子树立独立自主的榜样。天天妈妈很温柔,但是独立自主意识却不够,因此使天天的生活不安定,孩子缺乏安全感。只有妈妈的生活稳定了,孩子才会有安全感;只有妈妈独立自主了,孩子才会有面对挫折的勇气;只有妈妈笑对生活,孩子才会找到微笑的动力。

3. 加强与孩子的沟通。因为父母离异,孩子所获得的爱是缺失的,所以作为监护人的妈妈责任更重大,要担负起双重的责任。在平时,除了要照顾好天天的饮食起居之外,更应该要关注孩子的成长,关注孩子的心灵。

4. 在孩子面前维持和谐。父母的冲突和无所顾忌,使孩子在内心早早建立起一套消极的心理防卫机制,造成了她对人有较强的戒备心理,以至形成孤僻、怯懦、怪异的性格缺陷。所以,家长应该在孩子面前维持最基本的和谐,更不能当着孩子的面吵闹。

5. 推荐阅读有关新时代女性独立自主的书籍,懂得女人应像向日葵般骄傲向上,坚持向阳,而不失大方美丽;介绍她读《不输在家庭教育上》,和其他孩子的家长一样写心得,了解教育孩子的方法;让她和孩子一起阅读《月亮上找到你的笑》,写了读后感去参加比赛,知道母亲的微笑是孩子开心的源泉。

给天天的菜单

1. 多一点微笑。笑对生活是一种素质和能力,它需要豁达心胸和乐观的心态和足够的安全感。一个人首先要开心,如果连开心都做不到,那什么也谈不上了。我告诉天天人心中要有目标,为了目标去奋斗,生活可能拮据一点,情感可能孤独一点,但是内心却是开心的,因为有希望在安慰和召唤他。真正的不开心是对自己的彻底失望、被动的屈辱和内心不可挥散的空虚与恐惧。你笑对生活,生活也会笑对你的。如果用好的心态面对现实,现实就不会那么糟糕。总之,要感到人生是一件让人开心的事情,学会快乐,是成长中是再重要不过的事情。

2. 多一点自信。人们常常自我束缚、自我困扰,所以大多数人不仅无为无能而且烦恼无尽。更有一些人,在生活中遇到一点困境就开始自卑,总觉得自己比不上别人。我在和天天谈心的时候,常常和她列举她身上的优点:善良、乐于助人,有很强的组织能力……我告诉她,这些远胜于漂亮的衣服、美味的食物,因为后者是用钱买得到的,只要她努力,终有一天她都可以拥有,而她所拥有的是无价的,应该是别人来羡慕她,而不是她觉得自卑。

3. 多一点主动。人生中虽然也有祸从天降和好运撞头的事情,但是更多的时候,灾祸和幸福还是要靠我们主动去避免和争取。人生更多的时候像是一次自助餐,想要什么要靠我们自己去拿。主动才能成长,尝试越多,经验就越多,应变能力就越强,阅历越广,就越不容易迷惑。在与父母的相处上也是一样。我让天天主动去和父母接触,并教她和父母谈话的技巧和内容,教她主动把爸爸的注意力集中到对她的关注和培养上,也同样要关心妈妈的生活,告诉妈妈她也希望她幸福。

4. 多一点专注。弥散的阳光如果用凸透镜把它凝聚起来,则可以使物体燃烧。人的精力也是如此,心猿意马,患得患失,一天天过去,什么进步和变化也没有,但是,心系一处,持之以恒,就会创造出让人钦佩的成绩。在生活和学习上也是这样,不要因为其他事情而分散了读书的注意力。

四、指导教育进展

这两年多来,对天天家的家庭教育的引导,实施起来一波三折,其间有过很多反复,目前也出现了一些新的情况。但总体来说,还是让人看到了社区、学校、家庭联合教育的魅力。

首先,天天的爸爸不再经常上门大吵大闹,也没有再以孩子为要挟和她妈妈吵架。他也答应,让孩子有一个安定的学习环境。在家庭遇到矛盾和问题的时候,他也会主动联系老师,希望给予一些建议,并对孩子给予关心和呵护。

其次,天天的妈妈也找了一份稳定的工作,每次的家长会也不会再推脱给孩子的爸爸。对天天的学习,她也制订了一些要求。她和天天一起阅读了《月亮上找到你的笑》,两人约定:不管顺境还是逆境,都会以微笑面对人生百事。

最令人欣慰的是天天,大队部的工作开展得有声有色,深得老师的欣赏和喜爱;和同学相处中平和轻松,深得同学的信任和喜欢;在生活中,对爸爸也不再恐惧,甚至有时候还能开解爸爸和妈妈,脸上有了生涩的淡淡笑容;成绩也逐

附录二:『和乐』课程小故事

渐稳定,不再像以前那样大起大落了。

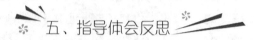
五、指导体会反思

在很多单亲家庭中,单亲家长放弃了本来的教育职能,包括亲情的授受和人格的形成,忽略了对孩子自强自立精神的培养。另外,目前家庭教育日益学校化,学校似乎成了教育的承包机构,给学校教育也造成了很大的困扰。教育是一种合力,不是学校、家庭和社会某一方可以包办的。我们在教育中要根据不同情况,研究利弊,寻求有效对策,找到教育的最佳切入点,让单亲孩子的心理问题和成长问题得到妥善的解决,让他们的脸上同样洋溢着欢乐的笑容。

在天天的教育问题上,目前还不能说是完全成功,孩子脸上的笑还很生涩,孩子的心里还有很多没有打开的心结。孩子的父母在面对生活、重新组建家庭的时候,也同样遇到了很多的问题,互相之间也有一些纠葛。而这些林林总总的问题也会再一次触痛、撞击孩子的心灵。引导和教育的路还是充满了坎坷和新的挑战,仍将需要我们多动脑筋,多花时间。

(蒋方叶)

参考文献

［1］崔允漷. 我国校本课程开发现状调研报告［J］. 全球教育展望. 2002（5）.

［2］吴刚平. 校本课程开发的特点与条件［J］. 教育参考，1999（3）.

［3］刘电芝，田良臣. 学习策略：校本课程开发的重要领域［J］. 课程·教材·教法，2000（7）.

［4］崔晓颖［J］. 校本课程开发与课程意识［J］. 承德职业学院学报，2006.

［5］郑先俐，郑大清. 教师的课程意识及其生成［J］. 班主任，2005.

［6］中小学校本课程资源开发的研究与实验课题组编著. 校本课程资源开发指南［M］. 北京

［7］吴刚平. 校本课程开发/校本研究丛书［M］. 成都：四川教育出版社. 2002.

［8］高慎英. 小学校本课程开发［M］. 北京：高等教育出版社. 2007.

［9］姜培民. 教师实践课程构建与实施［M］. 上海：华东师范大学出版社. 2009.

［10］李子建. 校本课程发展、教师发展与伙伴协作［M］. 北京：教育科学出版社. 2010.

［11］崔允漷. 校本课程开发：上海经验［M］. 上海：华东师范大学出版社. 2011.

［12］王斌华. 校本课程论［M］. 上海：上海教育出版社，2000.

［13］上海市中小学课程教材改革委员会办公室. 拓展型课程实践研究与探索［C］. 上海：上海教育出版社，2005.

［14］钟启泉. 新课程的理念与创新［M］. 北京：北京高等教育出版社，2003.

［15］"和乐教育"改革实验课题组. "和乐教育"改革实验方案. 教育研究与实验. 1995（1）.

［16］谷长新. 历城区实验小学和乐教学体系的构建与实践. http://www. jnlcsx. cn/article. asp？ articleid = 112.

后 记

　　《当代城市小学"和乐"校本课程建设的实践研究》已悄然进入第三个年头,越来越清晰地勾画出华坪小学踏实奋进、不断超越的发展轨迹,越来越明显地展现华坪人所特有的团结合作、坚持改革的精神风貌。这三年,既是继承与发展学校优良传统的关键阶段,又是开拓与创造新文化新课程的探索阶段,留给我们每一个人的是职业生涯中最宝贵的财富。期间,经历了不少痛苦与彷徨,可更多的是感动与收获,领悟了许许多多人生奋斗的快乐,发生着一种脱胎换骨的变化!

　　自古以来,我们的教师如红烛般燃烧自己、照亮学生,耗尽心血、奉献毕生,但无暇顾及自己的专业成长,许多普通教师辛勤耕耘几十年,却很少能留下自己的教育心得和研究成果,常常引以为憾。

　　今天,凝聚着每一个华坪人的美丽梦想和智慧之光的《幸福园中的"和乐"校本课程》终于出版了,这是扎根于我们华坪小学沃土中的一棵理想之树,每一片树叶都将成为学校腾飞的翅膀。

　　回首本书的成书过程,那也是一种破茧而出的蜕变,但更是一种振翅展翼的幸福。整个写作过程,时间紧、人手少,经验欠缺,我们遇到了很多困难,比如所有的老师都是不脱产的,岗位工作非常繁忙,只能在晚上和双休日挤出时间来,尽最大努力参与编写;又如,在较短时间内,要对学校"和乐"校本课程建设历程进行了整体回顾和呈现,就必须对近百万字的原始材料逐一进行梳理、筛选和补充;再如,基于市级规划课题成果的高水准要求,每一份经验的提炼和每一段文字的表述都需要反复推敲,力求真实、准确而流畅。

　　在本部书稿即将付梓出版之际,我们心中充满了感激:

　　首先,我们要感谢一贯给予华坪小学关心的闵行区教育局的领导。其次,感谢苏忱老师、顾志跃老师、王厥轩老师、杨小微老师、胡兴宏老师、朱怡华老师、沈祖芸老师、龙一芝老师、孙慧玲等专家,特别是课程顾问顾志跃老师和王厥轩老师,对研究的全程指导,为我们指明了方向,顾老师还在百忙之中为本书作序,为我们加油鼓劲;同时感谢华东师范大学的叶澜老师和她的专家团队,十多年来给我们以"新基础教育"实践指导和理论引领。我们还要感谢上海教育出版社的刘芳老师、邹楠老师等,他们为本书的集稿、出版付出了很多心血。

当然,还要感谢学校的各位同事,是你们平日的辛勤努力,才造就了学校今日之"成就"!感谢科研室蔡勤老师和张晓云老师、校长室张引老师、学生成长工作室赵燕燕和顾晓真老师、课程教学部张兴明老师和夏权老师以及"陆敏区班主任名师工作室"和"邵益民市科普名师工作室"等,是大家的辛勤耕耘和智慧浇灌,让学校的课题研究获得了成功;是大家的热情参与和无私奉献,让课题组拥有了丰厚的创作资源和奋斗动力,让这一成果得以顺利出版。

要感谢的人,实在太多,限于篇幅,我们就不再一一列举。

我们还在路上!全国课改全面推进,上海二期课改如火如荼,华坪小学的"和乐"文化发展、"和乐"校本课程的建设将会有更加美好的前景。我们将与时俱进不懈努力,让"幸福园"里的孩子每天都有盼头,都能快乐学习、健康成长。

另外,由于研究水平有限,时间仓促,书中肯定还有诸多欠缺之处,欢迎广大读者不吝批评与指正。

上海市闵行区华坪小学　王叶婷
2013 年 4 月 8 日

后记

图书在版编目(CIP)数据

幸福园中的"和乐"校本课程 / 王叶婷主编. – 上海:
上海教育出版社, 2013.6
ISBN 978-7-5444-4849-9

Ⅰ.①幸… Ⅱ.①王… Ⅲ.①课程 – 教学研究 – 小学
Ⅳ.①G622.3

中国版本图书馆CIP数据核字(2013)第137903号

责任编辑 邹　楠
封面设计 陈　芸

幸福园中的"和乐"校本课程
王叶婷　主编

出版发行 上海世纪出版股份有限公司
　　　　 上 海 教 育 出 版 社
　　　　 易文网 www.ewen.cc
地　　址 上海永福路123号
邮　　编 200031
经　　销 各地新华书店
印　　刷 上海景条印刷有限公司
开　　本 700×1000　1/16　印张13
版　　次 2013年6月第1版
印　　次 2013年6月第1次印刷
书　　号 ISBN 978-7-5444-4849-9/G·3863
定　　价 45.00元

(如发现质量问题，读者可向工厂调换)